L'AMOUR SOUS ALGORITHME

Judith Duportail est une journaliste indépendante, cofondatrice du collectif *Les Journalopes*. Elle est « la Française qui a défié Tinder » selon *The Times*. Elle enquête sur l'influence des réseaux sociaux sur l'amour. Elle est aussi l'autrice du podcast *Qui est Miss Paddle*.

JUDITH DUPORTAIL

L'Amour sous algorithme

ÉDITIONS GOUTTE D'OR

ISBN : 978-2-253-10143-7 – 1re publication LGF

À mon très cher papa,
disparu entre le chapitre 2 et le chapitre 3.
Je t'avais interdit de lire ce livre.
Tu avais répondu :
« Très bien ! Aucun bon livre n'a été écrit
en voulant satisfaire ses parents ! »

CHAPITRE 1

5 étoiles sur BlaBlaCar

Je suis en avance au cours d'abdos-fessiers, je m'appuie contre le mur pour attendre. Le grincement de mes baskets sur le lino me rappelle l'EPS au collège, quand on patientait dans le couloir du gymnase mal chauffé pour une poussive heure de handball ou autres « sports co » que je détestais. Sauf qu'ici, la clim est bien réglée et je suis la seule à m'habiller encore pareil qu'à l'époque du collège. Je détonne au milieu des filles aux tresses impeccables qui virevoltent derrière elles quand elles courent sur les tapis avec une aisance de gazelle.

J'essaie de me laisser glisser doucement contre le mur pour m'asseoir par terre, mais mon tee-shirt s'accroche à un coin d'un panneau d'affichage. Je ne m'en rends pas compte tout de suite, si bien qu'à mesure que je descends, je tire sur le panneau d'affichage et mon tee-shirt remonte. Je reste bloquée à mi-chemin, façon position de la chaise. Je ne comprends d'abord pas pourquoi la peau de mon ventre est à l'air alors je reste interdite pendant quelques secondes. Une fille que je n'ose pas regarder me libère, en m'assénant un : « C'est votre tee-shirt, madame. » Madame ! Nous sommes en 2014, j'ai 28 ans, et l'on commence à me donner du « madame » plus que du « mademoiselle ». Ça me fait un tout petit peu mal à chaque fois, comme une écharde dans le pied.

Enfin installée sur le sol, j'attrape mon téléphone pour me donner une contenance. J'ai téléchargé Tinder ce matin. L'application de rencontre créée en 2012 a débarqué en France en 2013. Elle devient immédiatement populaire grâce à son design efficace : ici, pas besoin de s'étaler, si la personne vous plaît, il suffit de balayer l'écran vers la droite pour la sélectionner, et vers la gauche pour la rejeter. C'est ce geste du pouce ou de l'index qu'on appelle « le swipe ». Si la personne que vous avez likée vous like aussi, c'est le *match*, vous pouvez vous parler. Sinon, il ne se passe rien.

Tinder et une inscription au Club Med Gym, tout ça le même jour ! « Le parfait package post-rupture », ai-je glissé sur Facebook Messenger à mon amie Zoé[1], avec une assurance feinte à la hauteur de mon appréhension. Tinder et la salle de gym resteront toujours associés, dans mon esprit, à la conviction qu'il va falloir travailler, m'optimiser pour m'y démarquer.

L'idée m'est venue ce samedi matin après avoir

1. Le prénom a été modifié.

vu une pub sur Facebook pour une salle de sport. Probablement rien d'un hasard : en février 2017, Facebook publie une enquête[1] sur le comportement de ses inscrits après une rupture, sur son site dédié aux marques, Facebook IQ. L'article a depuis été retiré, mais il est toujours consultable car il a été repris par un grand nombre de titres de presse[2]. Le réseau social s'adressait aux annonceurs en leur expliquant pourquoi il était judicieux pour eux de lui acheter de la publicité ciblée visant les internautes en post-rupture. Cette catégorie est particulièrement susceptible d'« expérimenter de nouvelles choses ou de se mettre à un nouveau passe-temps », explique Facebook. La preuve, 55 % des inscrits sur Facebook ont effectué un grand voyage après leur rupture.

Bon, OK, nous n'avions pas attendu Facebook et ses études pour savoir qu'une personne bouleversée sera encline à opérer des changements dans sa vie. Demandez aux coiffeurs combien de clients en post-rupture viennent se teindre les cheveux. Mais Facebook pousse le concept un cran plus loin. C'est comme si le réseau social fournissait aux coiffeurs l'accès à des listes de personnes venant de se séparer.

---

1. *What Mends a Broken Heart on Facebook*, Insights.fb.com, 3 février 2017, article désormais dépublié.

2. L'étude dépubliée est notamment reprise dans cet article : *Comment Facebook commercialise vos chagrins d'amour* [en ligne], Capital.fr, 6 février 2017.

Encore quinze minutes avant le début du cours, j'ai le temps. Je me connecte à Tinder pour la première fois. L'application me demande de choisir mes photos de profil parmi celles de Facebook. Les parcourir me rassure, je ne suis pas que cette gourdasse en tee-shirt large par-dessus un legging trop vieux dont les élastiques percent à travers le tissu. Assise là, je me sens comme une algue, une algue bizarre dont les élastiques seraient les feuillages, une algue des fonds marins qui n'a pas de forme et que les courants traversent, sans qu'elle puisse réagir. Sur toutes ces images j'affiche le même sourire, dans des postures qui mettent mon corps en valeur, où mes cheveux tombent comme j'aime, sans jamais de frange de travers ou de mèches qui frisottent, pas de bourrelet au ventre ou de cellulite sur les cuisses.

J'ai du mal à croire que je suis une seule et même personne, que je suis à la fois cette algue et ce moi idéal. Je cherche quelles photos choisir pour cacher le mieux possible mes fonds marins glacials, mes abysses dans lesquels évoluent mes pensées les plus sombres, les plus honteuses et les plus répugnantes, comme ces poissons monstrueux qui ne voient jamais la lumière du jour et vivent terrés dans des épaves. Quand je rigole devant la Tate Modern, le musée d'art contemporain de Londres, avec cette belle écharpe bleu électrique, est-ce qu'on les voit les calmars géants de mes névroses ? Et quand je remue ce vin chaud avec un chapeau de Mère Noël, est-ce que j'ai l'air d'avoir besoin d'amour ?

Je m'arrête devant une photo de moi en canoë,

les cheveux dans le vent, où l'on ne voit pas le gras de mes bras. Petit pincement, c'est mon ex qui a pris la photo. Est-ce que ça se fait de la choisir pour Tinder ? Non, sûrement pas... Mais la photo est si belle... « Si je rencontre mon nouvel amour grâce à cette photo, ce sera comme un cadeau qu'il m'a fait », parviens-je à me convaincre, histoire de maquiller mon inélégance.

Sur mon profil Tinder apparaissent mon âge et mon métier, informations directement importées de Facebook. J'écris « 5 étoiles sur BlaBlaCar » dans le champ « bio ». Je suis fière de mon coup. Toutes les filles célibataires autour de la trentaine le savent, il faut ruser pour ne pas être cataloguée comme une Bridget Jones. Je veux montrer que j'ai bien conscience d'être au supermarché de la chope mais que cela m'amuse, que je suis au-dessus de ça. Il y a les gagnantes et les perdantes du célibat, je le déplore mais je le sais, celles qui gèrent et celles qui subissent, et si je veux espérer choper, même pour une nuit, même pour une heure, il faut appartenir à la première catégorie. Rien de mieux pour cela que de toiser le monde avec une certaine ironie.

De toute façon, c'est vrai, je n'ai pas envie de rencontrer quelqu'un pour une relation sérieuse tout de suite. Je viens à peine d'emménager dans ma coloc, je fantasme une vie faite de légèreté, de coups d'un soir, de pelles roulées à l'arrière d'un taxi parisien, de nuits de danse et de journées au lit.

En sortant du Club Med Gym, je m'achète une tenue de sport chez American Apparel. Le legging et le débardeur noirs en coton basiques les plus chers que j'aurais jamais payés. Je m'en fiche, il me faut l'uniforme. Dans la queue pour accéder à la caisse, je me connecte à Tinder.

Est-ce possible ? Est-ce bien réel ? Tout le monde me like… Tous ces hommes ? Là, tous ces bruns, ces blonds, ces barbus, ces hipsters à lunettes (ils ne portent pas encore le bonnet retourné à l'époque), tous ces vingtenaires-trentenaires conquérants, ils m'ont tous likée ? En réalité, cela n'a rien d'exceptionnel. Une immense majorité des hommes, avant que Tinder ne limite le nombre de likes possibles, swipent toutes les filles à droite et font le tri dans un second temps. Mais je gobe d'abord le mensonge, et quel délicieux mensonge ! Je laisse monter le shoot de narcissisme comme si on m'avait administré une drogue en intraveineuse. Je peux plaire à tant de mecs en même temps !

Je regarde à nouveau mes photos de profil, et c'est vrai après tout, je comprends pourquoi. Je suis bonne, bonne, bonne, c'est vrai quoi ! J'ai des papillons dans le ventre comme si je tombais amoureuse. Je suis loin d'être la seule à chercher du réconfort dans le reflet noir de mon téléphone : selon une étude[1], les femmes utilisent davantage Tinder pour améliorer leur image d'elle-même, quand les

---

1. *Love at First Swipe? Explaining Tinder Self-Presentation and Motives*, SAGE, 2017, vol. 5, Giulia Ranzini, VU University Amsterdam, The Netherlands Christoph Lutz, BI Norwegian Business School, Norway.

hommes cherchent des rencontres ou des histoires d'un soir.

J'ai d'abord été transportée. Chaque *match* vient, comme un micropansement, combler les failles de mon ego. Mes chevilles explosent à chaque notification. Je télécharge toutes les applications de dating. Il y a Happn, le concurrent français de Tinder. L'application se présente de façon différente, indique vouloir nous mettre en relation avec les gens qu'on aurait croisés mais pas osé aborder. Pas de swipe à gauche ou à droite ici, mais une liste de toutes les personnes à proximité. OkCupid, qui appartient à Match Group – la maison mère de Tinder – possède aussi une version web où l'on doit remplir un profil plus classique, répondre à des questions sur sa personnalité. AdopteUnMec, le pionnier français, a dédramatisé les rencontres en ligne dès 2007 en se revendiquant « féministe » dans une campagne marketing présentant des femmes faisant leur marché parmi des hommes.

Ma préférée reste Tinder, à cause du frisson provoqué par chaque *match*. Tous les matins, je me réveille et j'agrippe mon téléphone avant même de sortir de mon lit, je veux savoir *combien* ils sont à m'écrire.

J'enchaîne les *dates*. Je développe une technique. Je donne toujours un rendez-vous avec quelque chose à faire après. Par exemple, un apéro à 19 heures, en expliquant que j'ai déjà un anniversaire ou un dîner à 20 h 30. Je me laisse ainsi une porte de sortie au cas où je m'ennuie ou suis mal à l'aise, car c'est, pour être honnête, quasiment tout le temps le cas. Je me dis que si le mec me plaît, il sera toujours temps de le voir une deuxième fois.

J'ai beau m'amuser avec Tinder sur mon téléphone, quand j'ai un rancard au café, j'ai l'impression que tout le monde sait qu'on s'est rencontrés sur Internet et, quelque part, c'est encore un peu la honte. Et puis, ce n'est pas si simple de faire la conversation à un parfait inconnu. Je raconte toujours les mêmes choses : « Oui, oui, j'ai grandi en Bretagne, je suis venue à Paris après le bac. Et toi, tu as grandi où ? » « Oui, je suis journaliste, mais non, non, ne t'inquiète pas, je n'écris pas un article sur toi ! » (Enfin… cette réponse n'est plus tout à fait vraie !) Moi qui rêvais d'embrassades passionnées sur le pas de ma porte, pour l'instant, j'ai plutôt l'impression d'enchaîner des entretiens d'embauche. Mais je m'en moque. Car je ne fais que tester mon pouvoir de séduction. Mes chevilles continuent d'enfler.

*

Je n'ai plus du tout l'impression de faire tache au Club Med Gym, avec mes baskets roses assorties à ma brassière. Je consulte encore l'application entre les cours, et je repense en me prenant quasiment en pitié à ma première venue ici.

Un vendredi après-midi, je suis là, assise dans

l'escalier, ma bouteille d'eau à côté de moi, à échanger avec quatre, cinq, six hommes en même temps dont je n'ai aujourd'hui absolument aucun souvenir. Je me sens si puissante, si maîtresse du jeu. Je me fais l'effet d'être ces femmes dont je rêvais la vie quand gamine je piquais le *Elle* de ma mère et lisais les témoignages de « Chloé, 31 ans, attachée de presse » qui « lâche en un sourire qu'elle n'a pas le temps pour l'amour avant de filer au bureau son *latte pumpkin* à la main ». Ou quand j'écoutais les chansons de Vincent Delerm sur les filles de 1973 qui ont eu 30 ans quand j'en avais 17.

Depuis mon premier jour sur Tinder, il me semble ne plus être une *loseuse* de l'amour. Tout au long de ma relation précédente, j'ai galéré, j'étais terrorisée, jalouse, en attente, puis coupable d'être jalouse. Et encore avant mon ex, pareil, aussi loin que je m'en souvienne en fait, je n'étais pas du bon côté. Là, j'ai l'impression d'être de celles qui détiennent les cartes, les codes, d'être une femme alpha comme chez les louves, une cheffe de meute, ne plus être celle qui attend, fébrile, des réponses à ses messages, ne plus être celle qui court après. Enfin, j'ai purgé mon esprit de ses calmars géants… « Tu fais partie du 1 % de la beauté, de celles qui ont tout pour elles », me glisse par message un homme et le pire, c'est que j'adore. Je suis enfin du bon côté de la hiérarchie, du bon côté de l'« Extension du domaine de la lutte ».

À force de frimer à la salle de sport, je suis gaulée comme jamais. Au printemps, je réalise un de mes plus grands rêves. Je m'achète un jean slim en taille 36. Un jean bleu clair Zara que je continuerai à porter même quand il sera devenu trop petit. Pour certaines filles, cela ne représente qu'une taille de pantalon, pour moi, c'est le Graal. J'ai les larmes aux yeux en sortant de la boutique. Je suis au moins aussi heureuse que pour mon bac, mon entrée à Sciences Po, mon permis de conduire, mon premier appart toute seule, mon premier article publié, et je ne vois pas du tout où est le problème.

Je ne parle pas ici du plaisir de faire du sport, de finir une course, de se dépasser, ou que sais-je encore. Non, non, ce jour-là, je pleure de joie parce que la taille de mon cul correspond enfin à la taille du beau cul officiel. J'étais une gamine bouboule et il me semble enfin prendre ma revanche sur tous les abrutis de la cour de récré.

Je ne me rends pas compte que je ne prends aucune revanche, puisque je rejoins leur cohorte et que je m'insulte moi aussi, que j'insulte la femme que j'étais il y a quelques semaines, celle qui portait du 40, et celle que je redeviendrai très vite, évidemment. J'insulte aussi, dans le même temps, toutes les femmes qui ne font pas du 36, puisque je me sens si supérieure à elles toutes. Oui, oui, il me faut être honnête, je jubile. Je pleure de joie alors que je capitule, je viens d'entériner le fait que c'est à moi de dépenser mon argent, mon temps et mon énergie pour me plier aux normes qu'on m'impose. Je suis si heureuse d'adapter mon corps pour qu'il corresponde à un objet, je n'imagine même plus que c'est aux objets de s'adapter à moi, je pleure de joie alors que je comprendrai plus tard que je ne me suis jamais autant manqué de respect. Je suis le toutou du patriarcat, pressée d'exhiber mon conformisme en remuant la queue, la bonne élève du capitalisme sexuel, mais je ne me pose plus aucune de ces questions puisque, à force de barboter dans mon *Ego high* comme un petit cochon dans la boue, j'ai anesthésié mon cerveau.

Je ne vais pas tarder à redescendre.

CHAPITRE 2

Note secrète

Au *Figaro.fr*, où j'ai travaillé pendant trois ans, la conférence de rédaction commence à 8h45. J'arrive un peu plus tôt pour avoir le temps de consulter l'actualité afin de proposer des sujets. Ce matin-là, je passe en revue les sites d'infos américains dans l'espoir de dégoter quelque chose à raconter en conf. Panne sèche de mon côté. Mais un article m'interpelle, sur le site *Fast Company*, un magazine américain de business, genre *Capital*.

«J'ai découvert ma note secrète de désirabilité sur Tinder et je le regrette[1].» Austin Carr, l'auteur du «papier» (un article, en jargon journalistique) rencontre Sean Rad, cofondateur et alors PDG de Tinder, pour rédiger son portrait. Austin Carr raconte qu'il a appris l'existence d'un système de

1. *I Found Out my Secret Internal Desirability Score and Now I Wish I Hadn't* [en ligne], FastCompany.com, 11 janvier 2016.

classement interne des utilisateurs de Tinder à l'occasion d'un dîner avec Sean Rad, durant lequel ce dernier se vante d'avoir un meilleur score que les autres.

Chaque utilisateur de Tinder est donc noté en fonction de sa désirabilité. Quoi ? Je savais qu'Uber notait ses passagers, d'ailleurs je m'amuse régulièrement à comparer ma note avec mes amis. Tinder aussi ?

« Ce n'est pas une simple mesure de la beauté, explique Sean Rad dans l'article. Il ne s'agit pas juste de calculer le nombre de personnes qui ont swipé à droite sur vos photos. C'est un système très complexe pour évaluer la désirabilité d'un profil. Nous avons mis deux mois et demi à construire cet algorithme car un grand nombre de facteurs sont pris en compte. »

Chaque utilisateur possède donc un *Elo Score* – ce terme désigne, à la base, le système mondial de classement des joueurs d'échecs. Le Elo Score fait partie d'une branche spécifique des mathématiques – la théorie des jeux – qui étudie et tente de modéliser les choix des individus en interaction.

Cette évaluation a été imaginée au début du XXe siècle par Arpad Elo, un Hongro-Américain grand joueur d'échecs et aussi professeur de physique. Le système a depuis inspiré de nombreux modèles de classement dans les jeux comme dans les compétitions de Scrabble ou de backgammon, mais aussi dans le sport. La Fifa a également indiqué en juin 2018 qu'elle allait changer son système de notation des joueurs pour appliquer un Elo Score.

Un Elo Score est une cote attribuée à chaque

individu en fonction de ses performances passées dans un domaine. Par exemple, un joueur de foot obtient des points quand il marque des buts ou remporte des matchs. Mais comme il est plus dur de gagner contre le Bayern Munich que contre Guingamp, chaque match remporté ne vaut pas le même nombre de points. Plus c'est dur, plus ça rapporte ! Idem si vous perdez contre une équipe considérée comme en dessous de votre cote.

« Dans le jeu vidéo *World of Warcraft*, quand vous affrontez quelqu'un avec un très bon score, à la fin, vous obtenez plus de points que si vous affrontez quelqu'un avec un moins bon score », explique dans l'article de *Fast Company* le responsable produit Tinder. Il faut donc comprendre que, chaque fois que votre profil est présenté à une personne, se joue un mini-tournoi, comme un match de foot ou une partie d'échecs. D'ailleurs, le responsable produit de Tinder le précise dans l'article : quand votre profil est montré à quelqu'un, vous êtes *matché* « contre » quelqu'un d'autre. Si la personne « contre » vous a une cote haute et vous like, vous gagnez des points. Si elle a une cote basse et vous ignore… vous en perdez.

À ce niveau de l'article, je suis déjà en colère. À quel moment de notre inscription Tinder nous prévient que l'application vire à la compétition ? Comment est calculée ma cote, au départ ? Où se trouve notre intérêt, en tant qu'utilisateur, dans ce système de fonctionnement ? Pourquoi n'avons-nous pas accès à cette note ?

Le reste de ma lecture va m'achever. Après avoir

copieusement mis en scène sa complicité avec Sean Rad qui « le taquine » toute la soirée, le journaliste finit par se rendre dans les locaux de Tinder pour consulter sa note. À aucun moment ce dernier ne questionne la légitimité ou la légalité d'un tel classement. Derrière chacun de ses mots, j'entends mon exclusion, notre exclusion à tous du petit cercle de la Silicon Valley qui « se taquine » en dînant avant de se révéler des informations dont nous, simples utilisateurs, ignorons même l'existence. Il a donc rendez-vous avec la team « data analytics ». Austin Carr interroge l'équipe : « Est-ce que les informations que vous allez me donner vont blesser mon ego ? »

C'est tout ? C'est la seule question qu'il pose à l'équipe data analytics ? Non pas : « Comment sont évalués les profils ? » ; « Pourquoi ? » ; « Où sont stockées ces données ? » ; « À qui appartiennent-elles ? » ; « Combien de temps les stockez-vous ? » ; « Les vendez-vous à des publicitaires ? » Parce que oui, tiens, vendre une liste de femmes qui passent leurs journées à se prendre des râteaux sur Tinder, je suis sûre que ça intéresse des marques de produits cosmétiques, des chaînes de salles de sport, ou même d'autres sites de dating, qui pourront alors les interpeller avec une campagne de publicité ciblée : « Fatiguées par Tinder ? »

Je me lève pour participer à la conférence de rédaction. Je n'écoute rien et ne propose aucun sujet, je me sens coupable. Mais je ne cesse de penser à cette histoire de note. Je prends mon téléphone pour continuer en douce la lecture de l'article.

« Est-ce que tu veux vraiment savoir ? Pas sûr… lui lance Solli-Nowlan de l'équipe de data analytics. Ce n'est pas rien d'avoir accès à ses informations personnelles. Vous allez découvrir combien de personnes vous avez swipé à droite, mais aussi combien de personnes ont swipé à gauche sur votre profil. »

Austin Carr a finalement un score de 946, soit une note « moyenne haute ». On ne sait pas réellement à quoi correspond son 946. Sur combien, quelle est l'échelle ? Puisque notre note évolue à chaque fois que notre profil est présenté à quelqu'un d'autre, combien de fois par jour, par heure, par minute, par seconde même, est-elle actualisée ? Les questions demeurent en suspens, puisque l'article est construit autour de l'ego de son auteur, qui explique être ressorti malmené de l'expérience et regrette d'avoir demandé sa note.

Je me demande si une journaliste femme aurait réagi autrement. Ne sommes-nous pas déjà tellement habituées à être évaluées sur notre physique ? Selon une étude menée par l'université du Nord Texas[1], les applications de dating comme Tinder affecteraient l'ego des hommes en les mettant en « position féminine ». « Les hommes se retrouvent dans une situation que les femmes expérimentent souvent. Celle d'être évalués et jugés sur leur apparence

---

1. *Love Me Tinder : Body Image and Psychosocial Functioning Among Men and Women*, 21 juin 2017, Jessica Strübel, PhD, of the University of North Texas, with Trent Petrie, PhD, also of the University of North Texas.

uniquement », expliquent les chercheurs. De leur côté, les femmes ont intériorisé des canons de beauté inatteignables, donc elles souffrent depuis des années de problèmes de confiance en elles et ont tendance à se « self-objectiver ».

Je me souviens très bien, moi, de ma première expérience de « self-objectivation ». J'ai 15 ans. Zoé, que je connais depuis la 4ᵉ, m'a écrit une lettre. À chaque fois que nous sommes séparées pendant les vacances scolaires, nous nous écrivons de longues lettres au stylo rose, bleu ou vert sur nos copies doubles, et nous changeons de couleur au cours de la lettre. J'étais – et je suis toujours – un peu jalouse de la beauté et de l'assurance de Zoé.

Je suis en vacances au ski. J'attends mes parents partis faire des courses, dans la voiture, ravie de pouvoir lire la dernière lettre de Zoé tranquille, à la lumière des boutiques autour de ce petit village perché à flanc de montagne. Il fait encore chaud dans la voiture alors que la température est négative dehors et, doucement, je sens l'odeur du froid pénétrer l'habitacle par les interstices de la porte. Bientôt, ma respiration fera de la fumée, même à l'intérieur. Je souris tout le temps car on vient de m'enlever mes bagues et je suis « trop fière de mes nouvelles dents ».

J'attrape une clémentine restée dans le véhicule toute la journée, elle est toute glacée, je peine à l'éplucher. Ma main embrasse la chair froide du fruit et je parviens à en décrocher un quartier gelé qui fond dans ma bouche à mesure que je lis la lettre.

Je me souviens mal de ce qu'elle me racontait, à part qu'elle avait passé une après-midi au parc avec Tristan[1], un mec de notre classe. Tristan avait donné des notes aux filles « de la bande ». Ça, en revanche, je m'en souviens parfaitement. Je me rappelle l'écriture toute ronde de Zoé, les lettres tracées en vert dans ce paragraphe, elle avait même une trousse transparente dédiée à ces stylos à l'encre parfumée, celui-là était-il à la pomme ? Zoé avait 9,5. Zoé a toute sa vie été un 9,5. Et je me suis presque réjouie, non, soyons honnête, pardon ma pauvre Zoé, je me suis totalement réjouie quand, bien plus tard, elle m'annoncera être enceinte, en savourant la perspective qu'elle allait enfin changer de silhouette. J'ai lu toutes les notes des filles de la bande, et je ressens encore la morsure quand j'ai compris que j'avais la moins bonne. 5 sur 10. Même avec mes nouvelles dents, putain, j'ai pensé. « Tristan a dit : on lui met la moyenne parce qu'elle est trop sympa ! Mais un peu trop grosse », avait pris la peine de retranscrire Zoé.

Je l'ai haïe d'avoir pris le temps de coucher sur papier le commentaire de Tristan, de se souvenir de chacun de ses mots, de ses adverbes. Avait-il dit « un peu » trop grosse, ou était-ce elle qui avait ajouté le « un peu », prise de remords ? Je sens à cet instant mon cerveau bouillir à cause de la violence des choses que je veux rétorquer à Zoé comme à Tristan. Je ne sais pas par où commencer, je ne sais pas quoi crier, muselée par la certitude plombante que ma

1. Le prénom a été modifié.

peine est de mon fait. J'ai bien quelque part l'intuition profonde que l'insulte qui m'est ici faite n'a pas lieu d'être, mais au lieu de ça, je laisse les flammes de mon humiliation me consumer, m'intimant que c'est ma faute, retournant ma rage contre moi : je suis trop grosse, pas assez disciplinée, je n'ai aucune volonté, personne n'aimera une grosse comme moi.

Cette irruption de violence m'est déjà si familière, je l'ai rencontrée des dizaines de fois, des centaines de fois, même. La plus ancienne dont je me souvienne : j'ai 7 ou 8 ans, sur le chemin de l'école, je cherche à savoir si mes cuisses bougent ou se frottent plus que la veille. J'observe le tissu de mes fuseaux à fleurs s'élimer entre les cuisses et je regarde ceux des autres fillettes, je me demande s'ils s'usent à la même vitesse.

Ce matin-là, quand je retourne m'asseoir à mon bureau après la conférence de rédaction du *Figaro*, je fais pareil, j'étudie le mouvement de mes cuisses, la densité du tissu, est-ce que mon gras ballote ?

Parce que moi aussi, je suis comme Austin Carr au fond, je veux une bonne note. Pourquoi ? Pour prendre une revanche sur le passé ? Pour mieux soigner mon ego ? Je suis habitée par un mouvement contradictoire. D'un côté, je rêve d'être une Zoé, une bombe officielle, un 9,5 sur 10. De l'autre, j'enrage qu'on soit notés, objectivés, évalués comme des objets. Ça crisse à l'intérieur de ma tête, mes deux élans viennent se heurter.

Mais comme des silex que l'on frotte pour faire du feu, leur rencontre me procure une énergie volcanique. Je veux, je dois en savoir plus. Même si je n'étais pas journaliste, j'aurais développé la même obsession pour ce système de notation. Son existence vient appuyer pile-poil au cœur de mes angoisses et contradictions, entre ego, désir d'être belle et désir de m'en foutre d'être belle, désir de séduire et désir d'être considérée comme une personne et non un objet, entre frivolité et féminisme. Je dois connaître ma note et je dois en savoir plus sur l'application la plus rentable de l'Apple Store – 800 millions de dollars de chiffre d'affaires en 2018.

Tinder ne communique plus sur son nombre total d'abonnés[1]. Fin 2015, l'application revendiquait 60 millions d'inscrits. Soit 60 millions de notes mystérieuses. Je ne parviens même pas à visualiser ce que ça représente. J'imagine un tableau Excel interminable, en caractère 6, avec des noms écrits dans toutes les langues, tous les alphabets, et leur note à côté. Ou alors une salle des marchés virtuelle, façon Wall Street, où l'on voit les cotes des entreprises évoluer en direct, mais avec 60 millions de photos Tinder et un nombre à trois chiffres à côté qui ne cesse d'évoluer. Et moi, ma photo avec mon écharpe bleue devant la Tate Modern, là, noyée dans la masse, mais quelque part. Avec quelle note ?

1. Tinder ne divulgue que le nombre d'utilisateurs payants : 4,1 millions fin 2018.

CHAPITRE 3

Dépêche-toi

Démarrer une enquête est un travail ingrat et barbant qui n'apparaît jamais dans les séries ou les films sur les journalistes. Très loin de la poussée d'adrénaline du rendez-vous nocturne dans le sous-sol d'un parking pour récupérer une clé USB.

Non, non, rien à voir.

Plutôt comme un commercial en opération prospection, il faut envoyer des dizaines et des dizaines de mails. Dans les sociétés de production qui produisent les magazines d'investigation type *Envoyé spécial* ou *Complément d'enquête* travaillent des dizaines d'« enquêteurs » – souvent de jeunes journalistes tout juste sortis de l'école – qui prémâchent le travail des autres journalistes. Ils contactent toute personne de près ou de loin liée à leur objet d'étude. Ils prennent également langue avec tous les journalistes ayant écrit même une brève sur leur affaire pour demander des pistes. Car pour une piste qui aboutit, il faut tenter sa chance auprès de dizaines de personnes.

À la télé, c'est encore pire : parmi les personnes qui répondent, il faut ensuite « caster » celles qui « passent bien à l'écran », comprendre celles qui ne sont pas trop moches et s'expriment correctement. Je sais comment ça marche car j'ai moi-même fait l'enquêtrice-fixeuse pour une société de production américaine. Fixeur, c'est quand on aide des journalistes étrangers à évoluer dans son pays.

Dans mon cas, évidemment, je n'ai personne pour pré-enquêter à ma place. Café à la main, en pyjama dans ma cuisine, je dresse donc la liste des tâches à effectuer pour lancer l'enquête. Je travaille chez moi car je viens de quitter mon job au *Figaro*. C'était un super premier boulot, mais je commençais à m'y ennuyer ferme. Et puis je devais tracer ma route auprès de publications qui me ressemblent davantage. Je me suis donc lancée en indépendante, en me jurant de travailler sur les sujets qui m'intéressent. Dont ma fameuse note Tinder !

Je dois prendre contact avec la Cnil, l'autorité française de protection des données personnelles, pour leur demander comment avoir accès aux informations me concernant sur Tinder. Je sollicite aussi des associations de consommateurs, un avocat, des activistes de la défense des droits numériques… Lancer des dizaines de pistes, comme un pêcheur un vaste filet, observer ensuite ce que j'en obtiens. Contacter Tinder, évidemment. Impossible d'être sûre d'obtenir ma note à l'arrivée.

J'ai concocté un modèle type de mail que je personnalise pour chaque destinataire. Par exemple, quand on veut parler avec un expert, il faut toujours glisser dans le message pourquoi on contacte cette personne spécifiquement, en montrant qu'on dispose d'une connaissance fine de son travail. Une touche de flatterie, toujours. Je n'osais pas, je pensais que ça faisait « trop », mais j'enregistre un bien meilleur taux de réponse depuis que j'accompagne toutes mes demandes d'un « nous serions honorés de faire bénéficier nos lecteurs de votre expertise ». Ne jamais oublier de qualifier l'interaction attendue ou d'offrir plusieurs possibilités. J'aime ma formule : « Nous pouvons dans un premier temps échanger de façon informelle, *off the record*, avant d'envisager une éventuelle participation de votre part au projet. » « Envisager », « éventuelle », il faut laisser le champ libre à la personne, lui assurer qu'elle ne prend aucun engagement ferme auprès de vous, avancer à petits pas.

Enfin, je vous dis tout ça comme si j'avais trouvé la recette magique, mais pour le moment, je ne me prends que des râteaux. La Cnil ne m'a pas répondu. L'ICO, l'autorité de protection des données au Royaume-Uni, m'a expliqué par mail ne pas être en mesure de m'aider. Tinder étant une société américaine, l'application n'est pas du ressort de leur juridiction. Je me suis rapprochée de plusieurs associations françaises de consommateurs qui m'ont répondu la même chose : nous ne pouvons pas vous aider puisque vous utilisez un produit américain. J'ai l'impression que les lois sont à mille lieues de ce qu'est la réalité. Faudrait-il n'utiliser que des applications de rencontre françaises pour bénéficier de droits ?

Je me sens schizophrène. Même entre deux mails pour enquêter, je prends mon téléphone pour me connecter à Tinder. Depuis un an et demi que j'utilise l'appli, je me connecte au moins une fois par jour. Dans le métro, devant la télé, dans mon lit quand je traînasse. Devrais-je couper totalement ? Fournirais-je un travail de meilleure qualité si je me plaçais à l'extérieur de mon sujet ? Je ne crois pas.

Et puis en réalité, je suis incapable d'arrêter. Me connecter fait partie de mon système de fonctionnement quotidien, comme me brosser les dents ou boire un café le matin. Tac, je me connecte, ah, j'ai plein de *matchs*, ça me rassure, je me déconnecte. J'assume.

Si je faisais la même enquête sans expliquer pourquoi le sujet me tient tant à cœur, sans donner à voir l'envers du décor, ma vie, mes errances, peut-être que je donnerais davantage l'apparence de l'objectivité, du sérieux journalistique. Mais je serais malhonnête. Je ne fais pas cette enquête par hasard, ce n'est pas un sujet qu'on m'a assigné, c'est *mon* sujet, et c'est aussi une aventure personnelle.

Du côté de ma vie sentimentale, l'euphorie Tinder du début n'a pas duré. Elle est montée crescendo avant de s'écraser net. Notamment avec Husky. Ensuite, un certain Mister Long Island est venu enfoncer le clou.

Avec Husky – je le surnommais comme ça à cause de ses yeux bleu clair – nous nous sommes rencontrés quelques heures après notre *match*, un samedi midi. C'est le premier à m'avoir vraiment plu au début de mon expérience Tinder, quand j'étais shootée à l'ego. Je travaillais encore au *Figaro* et m'ennuyais pendant une permanence au journal, un samedi. Il est venu déjeuner avec moi. « J'aurai un jean bleu clair », lui avais-je précisé, pour qu'il me reconnaisse. Le fameux jean taille 36, bien sûr, que j'ai mis, tant que j'ai pu rentrer dedans, quasi tous les jours.

Rendez-vous boulevard Haussmann. Je le regarde traverser pour me saluer et j'accroche immédiatement. Pourquoi certaines personnes nous plaisent, comme ça, tout de suite ? Est-ce sa veste bleu marine ? Ses baskets kaki ? Son regard rêveur ? Nous nous faisons une bise timide avant de nous diriger sans échanger un mot vers une terrasse de café à quelques mètres. Avec lui, je n'ai pas peur que les gens autour devinent qu'on est en *date* Tinder. Je suis même plutôt fière.

Pourtant, notre conversation est loin d'être fluide.

Il garde les yeux rivés sur son café au lait et les lève seulement quelques fois, doucement, pour me regarder, quand les miens sont ailleurs. Je m'en rends compte au bout d'un moment, à l'extrémité de mon champ de vision je le vois me regarder. Alors je ne fais rien, je reste comme ça à faire semblant de ne pas voir, je laisse ses yeux se poser sur moi et je me tiens bien droite, je rentre mon ventre, j'essaie de cracher la fumée de ma cigarette comme une actrice, ou d'une manière un peu sensuelle, j'espère ne pas avoir l'air trop ridicule, j'espère qu'il me trouve belle. Il me dira plus tard qu'il fixait mes lèvres, qu'il adore mes lèvres. Pendant qu'il me regarde j'ai l'impression qu'il me caresse, du bout des doigts, comme on caresse quelqu'un qui dort et qu'on ne veut pas réveiller.

Ce jeu de triangulation des regards dure quelques secondes, à peine, et ma respiration, imperceptiblement, s'accélère. « Oh, ne gâche pas tout en me reluquant salement des pieds à la tête », je l'implore dans ma tête. « Même si tu ne vois pas que je te vois, ne sois pas un gros relou, je t'en supplie ! » Toutes les femmes connaissent ce regard, ce regard qui évalue, le regard des harceleurs dans la rue, celui qui descend, remonte, déshabille et insulte au passage. Lui ne quitte pas mon visage, avant de replonger dans son café. Notre conversation reprend sur je ne sais plus quel sujet, je l'écoute à peine parler, ni ne m'entends répondre.

« Tu fais quoi ce soir ? Je te jure que je serai plus volubile après deux bières. » Je souris en lisant son message, reçu juste après l'avoir quitté, dans l'ascenseur. Je souris encore plus quand, après ces deux bières, il m'embrasse contre une Autolib' place de la République. Je souris mais j'ai peur.

Alors, dès la fin de notre premier baiser, je suis hyper claire, cash, je ne cherche rien de sérieux, je ne veux jamais retomber amoureuse, « tu m'entends, jamais ! ». Avec du recul, je me vois comme une gamine qui prononce une formule magique, qui espère qu'il suffit d'affirmer les choses pour qu'elles ne surviennent pas, surtout quand on sait qu'elles sont déjà en train d'arriver.

Mon histoire avec Husky va durer quatre mois. Durant lesquels mon cœur s'accélère à chaque fois que je vois les bulles bleues apparaître sur mon téléphone quand il m'écrit, ou quand il m'envoie les photos de toutes les stations Autolib' devant lesquelles il passe, ou qu'il m'avoue qu'il respire des échantillons de mon parfum quand je lui manque. Je l'engueule la nuit quand il rit trop fort dans mon lit et risque de réveiller mes colocs, et pendant tout ce temps, je me demande : ne serait-ce pas, tout doucement, ni le retour, ni le souvenir, mais peut-être la naissance d'un nouvel amour ? Après tout, pourquoi avoir peur, Judith ? Tu n'es plus un 5 sur 10 aujourd'hui, laisse-toi aller, on va pouvoir t'aimer maintenant !

« Je ne pourrai jamais tomber amoureux d'une fille rencontrée sur Tinder. C'est impossible. »

Il a le même regard fuyant qui m'avait séduite, mais plongé dans sa pinte cette fois-ci, en terrasse, rue du Faubourg-Saint-Denis. Les tables sont si rapprochées à Paris, j'ai peur que les clients assis à côté entendent. J'ai peur qu'ils se rendent compte que je suis en train de me faire larguer. À cet instant, cela me paraît être l'élément le plus important de la situation, je ne veux pas que nos voisins de table nous écoutent, je ne veux pas perdre la face. Je réponds en chuchotant et en me penchant vers lui, dans l'espoir qu'il fasse de même.

— Qu'est-ce que ça change pour toi qu'on se soit rencontrés sur Tinder ? Je suis la même personne…

Et en plus je suis si belle ! Je n'ai jamais été aussi mince, ai-je tant envie d'ajouter. Je n'ai jamais été aussi aimable, Husky, qu'est-ce qui te prend ? Regarde mon jean, c'est du 36 ! Du 36 ! Est-ce que même les filles minces se prennent des râteaux ? Se font larguer ? Pourquoi tu ne m'aimes pas ?

— Quoi ?

Il parle trop fort, nos voisins nous regardent. Qu'est-ce qu'elle va penser, cette idiote derrière ses lunettes ? Si ça se trouve, quand je serai partie, elle va rire avec son pote, ils vont dire : « Bah ouais ! Mais elle attendait quoi en même temps ? La meuf pense trouver l'amour sur Tinder ? »

— Mais… Mais, je suis la même personne…

— Je sais. Franchement, les choses auraient été différentes si on s'était rencontrés au travail ou ailleurs. Mais sur une appli pour plan cul…

— Mais, mais, pourquoi ? Qu'est-ce que ça change ?

— C'est pas pareil. J'ai besoin d'être ami avant de tomber amoureux, en fait.

— Ah, OK, OK… Je comprends, finis-je par répondre, pour signifier, mot pour mot, l'exact opposé.

L'histoire se termine comme ça. Comme nous n'avons jamais été officiellement ensemble, je veux croire que je ne suis pas officiellement triste. Alors un mois plus tard, j'accepte un rendez-vous avec un homme dont je n'oublierai jamais les répliques. Nous avons rendez-vous dans un bar italien, en bas de chez moi.

Il est plutôt beau gosse, l'espace d'un instant je rêve qu'on va accrocher et qu'il va me faire oublier Husky.

À peine assis, il critique tout. Je crois que les premières paroles qu'il m'adresse sont : « J'ai bien aimé quand tu as proposé un nom de bar. D'habitude, les filles laissent les mecs tout faire, c'est super relou. Toi, tu prends des initiatives, c'est bien. Mais en revanche, je suis déçu par le lieu. »

Il demande au barman un conseil car il ne sait pas quel cocktail choisir. Je n'entends pas la réponse du jeune serveur, mais je lis dans les yeux de mon *date* une exaspération croissante. Il dépose la carte des boissons sur la table avec un long soupir.

« Puisque c'est comme ça, je vais prendre un Long Island. »

Je le déteste déjà, mais j'espère que les choses peuvent s'arranger. « Je t'ai détesté au début du *date* », je m'imagine lui avouer, hilare, dans quelques heures. Dans le même temps, je cherche à croiser le regard du serveur en commandant pour lui adresser un sourire, pour essayer de lui faire comprendre que non, non, moi je ne suis pas comme lui. Il a les yeux rivés au sol.

« C'est bien, une journaliste au *Figaro*, demain je pourrai dire à mes collègues que j'ai bu des verres avec toi, c'est la classe. »

J'avale deux grandes gorgées de mon verre puis

attrape le sien : « Je peux goûter ton Long Island ? » Je veux en boire le plus possible histoire de m'enivrer, histoire que cet instant soit moins pénible.

Je devrais me lever et partir tout de suite, je devrais. Je réponds aux questions qu'il me pose tout en me demandant comment faire. Je me lève, là, et je pars ? Est-ce que je dis : « Désolée, je ne le sens pas ! » « Désolée, je suis très mal à l'aise ! » « Désolée, t'es un gros con ! » Pourquoi je devrais dire « désolée », d'abord, pourquoi serait-ce à moi de m'excuser ?

— T'as quel âge au fait déjà ? 28 ?

— Oui, 28.

— Ah, c'est bien pour toi, tu fais plus jeune. Mais tu vois j'ai envie de te dire, dépêche-toi. Passé 30 ans, c'est la guerre ! Mes collègues, elles sont désespérées.

Ce mec a-t-il une vie sociale en dehors de ses collègues ?

— Tu viens d'avoir 28 ou tu vas avoir 29 ?

Il me sursaoule avec son obsession de l'âge.

— Tu dis ça parce que toi t'en as 34 et tu galères ?

— Non mais les mecs, on a plus de temps, on peut faire des enfants toute notre vie. Et puis un mec préférera toujours une femme plus jeune que lui, c'est normal. Non mais toi, ça va, t'as ce qu'il faut, où il faut. Tu vois le midi avec les collègues, à la pause déjeuner en terrasse, ou au restau, on regarde les femmes passer et on imagine ce qu'elles devraient faire pour avoir le corps parfait.

Ah bah tiens, ce n'est pas que dans notre tête ce sentiment d'être notée sur notre apparence, et il n'y a pas que Tinder qui nous évalue !

— Je pourrai même leur parler de tes seins, parce que depuis tout à l'heure je les regarde en fait, je crois. Ils tiennent aussi bien même sans soutien-gorge ? Bah quoi ? T'es sur Tinder pour une raison, nan ?

Je me verrouille comme une huître, me lève, enfile ma veste, quitte le bar. Je l'entends parler dans mon dos, mais comme un automate je ne l'écoute pas, je ne discerne aucun son intelligible. Je le laisse payer son putain de Long Island et mon verre de rosé.

Je monte mes trois étages à pied, en appuyant de toutes mes forces sur chaque marche. Je m'assieds sur mon canapé, avec mon manteau et mon sac, hébétée. Je suis si en colère. Contre lui, bien sûr, et contre moi. Ce con m'a écrit un message : « ???????????? » Je bloque son numéro. Je le supprime sur Tinder. Ça ne suffit pas. Sa bave venimeuse m'a atteinte et je me hais de ne pas l'avoir remis à sa place, de ne pas avoir eu la repartie parfaite pour lui clouer le bec, je me hais d'en être « arrivée là », je me hais de n'avoir pas eu mieux à faire de ma soirée que de voir ce mec. J'imagine toutes ces filles en couple rentrer chez elles, partager leur dîner avec un mec, buvant un verre de vin à la maison devant un bon film, quand moi je suis dehors à me faire bout-de-viandiser par le premier connard qui passe.

Fini de se mentir. Cette première année de célibat me l'a prouvé, c'est bien plus dur que ce que je croyais. Husky me manque. J'espère toujours un message de lui qui n'en finit pas de ne pas venir.

Pourquoi ne peut-on pas tomber amoureux d'une fille rencontrée sur Tinder ? Moi qui ai fait TOUT ce qu'on me demande, je suis mince avec les cheveux longs et je fais des blagues, j'ai rempli ma part du contrat, pourquoi est-ce que le reste ne suit pas ? Est-ce que l'autre con a raison ? Suis-je déjà trop vieille ? Déjà ? Mais c'est passé si vite !

Depuis, je suis restée sur l'application, mais je n'ose plus parler à personne. Je suis en mode sous-marin, ou « addict abstinente », me taquine Zoé.

J'ai peur. L'histoire se répétera-t-elle avec tous les mecs ? Qu'est-ce que ça change de se rencontrer sur Tinder ? La réponse s'imposera à moi, doucement. Quelqu'un qui ne tombe pas amoureux de vous à cause de Tinder est juste quelqu'un qui n'est pas amoureux, c'est tout.

CHAPITRE 4

Mirage

La première réponse à mes mails émane de... Tinder. Quelques jours plus tard, j'ai rendez-vous à 10 heures avec Julia et Louis[1] dans un café près des Champs-Élysées. Les deux sont consultants pour Havas, un des plus grands groupes français de communication. Ils s'occupent de gérer les relations de Tinder avec la presse en France. Ils sont donc à la fois ma porte d'entrée et potentiellement ma barrière. Ils acceptent de me rencontrer pour un échange informel, afin de voir « comment on pourrait travailler ensemble ». Ils ne cachent pas pourquoi je les intéresse : je collabore avec l'hebdomadaire *Grazia* et son site Internet.

Or, le « coût d'acquisition » d'une utilisatrice s'avère bien plus élevé que celui d'un utilisateur pour les applications de dating. En langage marketing, ce terme désigne les dépenses mises en place

1. Les prénoms ont été changés.

pour gagner un nouveau client, et les femmes sont plus difficiles à hameçonner. C'est une aubaine pour eux d'apparaître dans la presse féminine.

Je me présente comme une journaliste spécialisée dans les sujets de société. Personne n'est au courant que je me suis mis en tête de récolter mon Elo Score. Cette collaboration avec *Grazia* est parfaite, me dis-je. À court terme, je vais pouvoir leur vendre des sujets sur Tinder, en plus *Grazia* est un des rares magazines à payer correctement ses pigistes. Côté Tinder, je vais pouvoir me rapprocher d'eux en étant identifiée comme susceptible de les aider dans leur quête d'utilisatrices françaises. À terme, je devrais bien réussir à accéder aux big boss et glisser mes « vraies » questions. Du moins, je l'espère. Je marche à l'instinct, je tâtonne. Pour en savoir plus sur mon Elo Score, mieux vaut avoir ces deux-là avec moi que contre moi. Je me rends donc à ce café bien décidée à me faire apprécier.

Louis et Julia sont déjà là. Ils ont exactement l'allure de consultants. Veste bleu marine sur chemise impeccable, jean et barbe bien taillée pour Louis. Sourire avenant, pull en cachemire pour Julia. Le ton est détendu, on se tutoie d'office, je les taquine : « Vous me faites venir dans les beaux quartiers ! » « Il ne faut pas croire, moi aussi j'habite à l'est de Paris », sourit Louis en réponse. Les deux sont très sympathiques. Nous avons à peu près le même âge, probablement des parcours similaires, je ne serais pas surprise que nous ayons une dizaine d'amis en commun sur Facebook. « Ne te laisse pas amadouer, c'est leur métier d'être sympas », me souffle une petite voix dans ma tête.

Après les présentations, la conversation porte sur Sean Rad, alors PDG de Tinder et cofondateur de l'application. Le trentenaire est fils d'immigrés iraniens et a grandi à Beverly Hills, un quartier de Los Angeles. Le jour de ses 13 ans, ses parents lui offrent son premier smartphone pour le consoler d'avoir de l'acné, raconte l'homme dans *Rolling Stones*[1]. Il rêvait d'être rock star mais sa famille lui a fait comprendre qu'il devait avant tout gagner de l'argent. Il poursuit des études de commerce à l'USC (University of Southern California) mais ne supporte pas la vie sur le campus. Il lâche sa chambre d'étudiant pour revenir chez ses parents.

En 2006, il crée Adly, une plateforme pour que les célébrités gèrent leurs différents comptes sur les réseaux sociaux. En 2012, il vend ses parts au sein d'Adly et rejoint Hatch Labs, un incubateur pour application mobile financé par IAC, giga conglomérat américain qui détient 150 marques dans le monde entier, dont Vimeo, CollegeHumor, Dictionary.com ou encore Match Group, le plus grand groupe de dating au monde.

C'est là qu'il invente Tinder, en compagnie d'une équipe de cinq personnes, dont son meilleur ami d'enfance Jonathan Badeen. Dans une interview

---

1. *Inside Tinder's Hookup Factory* [en ligne], RollingStone .com, 27 octobre 2014.

à *Business Insider*[1], il raconte comment l'idée de Tinder lui est venue : il se trouvait dans un café avec des amis quand une jeune femme lui a souri. Il décrit comment ce sourire lui a fait comprendre que cette fille était partante pour discuter avec lui. Cette certitude a rassuré celui qui se décrit comme « très timide ». Sean Rad s'est alors mis en tête de trouver un moyen de créer un « double opt-in » social, terme marketing désignant un consentement en deux étapes. Garantir à deux individus leur intérêt mutuel avant de leur permettre de communiquer. Le coup de génie est là : supprimer la peur du râteau.

À l'heure où je rencontre Louis et Julia, Sean Rad vient d'accorder sa toute première interview[2] au quotidien *Evening Standard*. Cette dernière a été reprise dans toute la presse mondiale. Sean Rad y apparaît comme… insaisissable. Quelque part entre pataud, touchant, mais aussi macho et dangereux.

Il se décrit comme « accro » à Tinder. « Toutes les semaines, je tombe amoureux d'une nouvelle fille », s'amuse-t-il, tout en confiant être célibataire pour le moment. « Je suis concentré. Nous sommes à une période cruciale pour Tinder, je n'ai malheureusement pas le temps pour ça. » Il explique

---

1. *What it's really like to build a $3 billion start-up in your 20s* [en ligne], BusinessInsider.com, 14 février 2017.

2. *Tinder ? I am an addict, says hook-up app's co-creator and CEO Sean Rad* [en ligne], Standard.co.uk, 18 novembre 2015.

au journaliste n'avoir couché qu'avec vingt filles, contrairement aux autres utilisateurs de l'appli, et avoir repoussé les avances d'une mannequin qui le suppliait d'avoir un rapport sexuel avec elle. « C'était une des plus belles femmes que j'ai jamais vues, mais cela ne veut pas dire que je veux lui arracher ses vêtements et faire l'amour avec elle. L'attirance est un phénomène complexe. J'ai été attirée par des femmes qui étaient... Que mes amis auraient pu trouver moches. Moi, ça m'est égal si quelqu'un est un mannequin. Vraiment. Ça peut paraître cliché et presque impossible à croire pour un homme de dire ça, mais c'est vrai. J'ai besoin d'un challenge intellectuel. » Est-ce si incroyable pour lui et ses amis de penser que les femmes ne sont pas que des corps et les hommes des animaux ? « Apparemment, il y a un mot pour décrire les personnes attirées par l'intelligence, poursuit Sean Rad dans son interview. Quel est le mot ? J'ai envie de dire sodomie ! » Sa chargée de com et l'auteur de l'article pouffent. « Quoi ? Qu'est-ce que j'ai dit ? »

Le passage de l'interview où je lui trouve davantage d'intérêt est quand il se réjouit auprès de la journaliste du nombre de spectateurs venus l'écouter lors du dernier Web Summit (grande réunion annuelle des acteurs mondiaux de la tech) à Dublin. « Il y avait plus de monde que pour Instagram », se réjouit-il, et j'ai l'impression d'entendre un petit garçon. « La salle était pleine de fans hurlant ! C'était comme un concert. La tech compte beaucoup plus qu'avant. C'est le nouveau rock. » Je repense à son rêve de gosse de devenir une star. On dirait qu'il veut se convaincre qu'il n'a rien à regretter.

Autre style toutefois dans la suite de l'interview. La journaliste évoque un article paru plus tôt, dans *Vanity Fair*. Une enquête fouillée écrite par Nancy Jo Sales, une journaliste américaine. C'est la toute première a avoir questionné les conséquences de Tinder sur la société, décrivant une apocalypse du dating. Sean Rad se referme quand le nom de Nancy Jo Sales est évoqué et menace de révéler des informations sur elle. « J'ai fait mes propres recherches. Il y a des choses qui vous feraient la voir différemment », souffle-t-il au *Evening Standard.*

« Les journalistes ont été durs avec Sean, il faut comprendre qu'il ne s'était pas préparé à un tel succès de l'application, m'explique Louis. Il faut vraiment le voir comme un timide propulsé au sommet, qui répond honnêtement aux questions des journalistes. Il se réjouit sincèrement d'avoir du succès auprès des femmes ! » J'opine du chef. « Après tout, c'est le concept de Tinder de draguer sans se prendre de râteau, c'est normal qu'il s'en réjouisse », je renchéris, puisque je suis là pour me faire bien voir.

— Beaucoup disent que Tinder est responsable de promouvoir un rapport consumériste aux autres ? Qu'en pensez-vous ?

— C'est une vision incomplète et partiale de la réalité, répond Louis, amplifiée par les réseaux sociaux. Certains comptes se font un plaisir de diffuser les pires échanges Tinder ou autres, et certains j'avoue sont gratinés ! Mais personne ne parle des milliers de mariages, de bébés, ou juste d'histoires d'amour qui commencent sur Tinder.

— Oui. Tinder est l'outil, chacun en fait ce qu'il veut, ajoute Julia. Si certains souhaitent en faire un usage consumériste, c'est leur choix. Ce n'est pas Tinder qui est individualiste, c'est la société.

C'est pourtant bien Tinder, qui, après chaque *match*, nous propose de « continuer à jouer[1] », non ? Utilise les couleurs et les codes du gaming pour provoquer de petites décharges de sérotonine dans le cerveau à chaque *match* nous incitant à revenir, encore, non ? Nous envoie des notifications indiquant combien de personnes nous ont liké quand nous cessons de nous connecter à l'application ? Nous informe de la baisse de visibilité de notre profil si nous ne revenons pas ? Nous présente les personnes les unes à la suite des autres, nous donnant le sentiment qu'il y aura toujours quelqu'un d'autre ?

En design, le fait de construire un outil qui pousse les individus à adopter certains comportements pour ensuite en rendre responsable ces mêmes individus porte un nom : un *dark pattern*, un circuit noir. Le terme a été inventé en 2010 par

---

1. Jusqu'en 2016, l'application proposait aux utilisateurs d'envoyer un message ou de « continuer à jouer » (*keep playing*). Puis la formule a été remplacée par « continuer à chercher » (*keep swiping*).

Harry Brignul, un designer britannique[1]. « Nous n'aimons pas l'admettre, mais la tromperie fait partie intégrante de notre vie sur la planète, écrit-il dans un article consacré au sujet. Les insectes l'utilisent pour se camoufler et survivre, les animaux y ont recours et nous, humains, l'utilisons pour manipuler, contrôler et profiter les uns des autres. Ce n'est donc pas une surprise qu'en design émergent également des phénomènes de manipulation. Mais ce qui est étonnant, c'est qu'aucun webdesigner ne le dise. Il n'y a même pas de mot pour en parler, pas de reconnaissance de l'existence du phénomène. Si ce n'est pas un tabou, ça y ressemble. »

Je garde mes idées en tête pour le moment. Je ne saurai jamais ce qu'ils pensent vraiment, au fond. Ils ne font ici que leur job.

— Vous pensez qu'on pourrait envisager une interview avec Sean Rad ? je tente.

— Complètement. Nous ne pouvons évidemment pas nous avancer davantage, mais le jour où nous aurons une actualité à annoncer, cela me semble envisageable, répond Louis. Peut-être même un voyage à Los Angeles au sein du siège de Tinder, ça t'intéresserait comme reportage ?

— Bien sûr !

Ha ! Un voyage à Los Angeles. « Ils doivent agiter la même carotte devant tous les journalistes », me souffle encore ma petite voix. Nous nous quittons

---

1. *Dark Patterns, manipulation versus honnêteté dans le design*, *A list apart*, n° 338, novembre 2011.

au bout d'une heure, en nous promettant de rester en contact pour une future interview de Sean Rad.

*

Comme à mon habitude, quelques jours plus tard, je me connecte sur Tinder alors que je glande sur mon canapé devant la télé. Je *matche* avec Mirage. Plusieurs mois se sont écoulés depuis la rupture avec Husky, j'ai digéré. Je ne pense presque plus à lui. Il traverse juste mon esprit de temps en temps, quand des éléments de la vie quotidienne me font penser à lui, quand je passe devant les cafés où nous avons eu rendez-vous par exemple, comme un gentil petit fantôme. Quant à Mister Long Island, je ne me lasse pas de raconter l'histoire pour me moquer de lui auprès de mes amis. Je suis mûre pour sortir de mon sous-marin. Dans la vraie vie aussi, je me montre plus ouverte aux rencontres, mais c'est Mirage qui éveille le plus mon intérêt. Je l'appelle Mirage car, aussi séduisant soit-il, ce jeune homme disparaîtra chaque fois que je me rapprocherai de lui.

Son accroche me fait rire. «Je ne te demande pas comment tu vas, vu qu'on est lundi.» Ses photos aussi m'avaient plu. Sur l'une, il porte des bois de renne avec un air inspiré, sur une deuxième il apparaît petit garçon devant une peinture de sa composition avec une coupe façon Playmobil, sur une troisième il fait semblant de donner à manger à une immense sculpture de chien. Mirage me propose une rencontre le mercredi suivant. J'accepte. S'ensuit un petit échange sur nos repas respectifs du midi. Il me taquine et me traite de « perruche » quand je réponds « une salade de quinoa ». Ça m'amuse.

Mirage me plaît aussi dans la vraie vie. J'ai pris le risque d'aller directement boire un verre avec lui, sans faire de premier *date* « test » d'une heure. Je suis moins timide qu'avec Husky, j'ai gagné en assurance. Je ne m'inquiète plus autant des silences ou de ce que pourraient penser mes voisins de table. Après avoir bu deux bières et un spritz, nous quittons le café pour « faire un tour » et discuter, assis sur des Vélib' à l'arrêt. Nous fumons des cigarettes roulées et rions dans la nuit, je me réjouis chaque fois qu'il en roule une nouvelle, ça veut dire qu'il ne va pas partir tout de suite. « Après les Autolib', tous tes *dates* Tinder sont en rapport avec les transports de la ville de Paris », je note en souriant intérieurement. J'ai très envie de l'embrasser.

Ça tombe bien, ça ne va pas tarder. Quelques minutes plus tard, il approche ses lèvres un peu trop vite. Sa bouche heurte presque la mienne et là, mon ventre se réchauffe. « Ce n'est pas vrai, tu n'as pas cinq étoiles, me chuchote-t-il à l'oreille, en référence à ma phrase de biographie, tu en as au moins six ou sept. »

CHAPITRE 5

Le râteau de trop

Je soupire devant mon ordi, dans le bureau des Journalopes[1], mon collectif de journalistes indépendantes, dans le quartier de la Goutte-d'Or à Paris. Les Journalopes, c'est ma meute. Nous sommes six filles, six pigistes, à nous entraider dans la galère du journalisme indépendant. L'idée nous est venue de créer le collectif avec Cerise, une pigiste comme moi, car la solitude nous pesait. Nous décidons de nous appeler Journalopes, insulte inventée par l'extrême droite combinant «journaliste» et «salope». Nous voulons ainsi reprendre l'insulte à notre compte pour la vider de son sens, comme le font les féministes dans les «*slut walk*», les marches de salopes.

Je suis toute seule au bureau, un dimanche après-midi. Je scanne l'ensemble des articles tech des sites

1. Collectif de journalistes indépendantes composé de Justine Brabant, Laurène Daycard, Judith Duportail, Audrey Lebel, Cerise Sudry-le-Dû et Pauline Verduzier.

d'actualité. Une lueur d'espoir s'allume dans mon esprit en parcourant un papier sur un avocat allemand spécialiste des réseaux sociaux, Chan-jo Jun[1]. Ce dernier a déposé une plainte contre Facebook en octobre 2015 pour incitation à la haine. Il avait signalé au réseau social plus de soixante commentaires constitutifs d'un appel à la violence contre l'arrivée de réfugiés en Allemagne.

« Bien sûr, je dois demander de l'aide aux Allemands », me dis-je en lisant l'article sur l'avocat. De tous les pays d'Europe, l'Allemagne est le plus critique envers les réseaux sociaux. Celui où Facebook est le moins utilisé, expliquera Marc Zuckerberg lors de son audition devant le Parlement européen en 2018. Je me souviens d'avoir vu, dans les rues de Berlin, une affiche du musée de l'Espionnage qui interpellait ainsi les passants : « Qui en sait le plus sur vous ? La Stasi, la NSA ou Facebook ? » Je trouve l'adresse de Chan-jo Jun sur son site, lui écris pour lui raconter toute mon histoire. J'ignore s'il s'intéresse à Tinder, mais il doit bien avoir un avis sur la question, une expertise, un bout de piste, un os à ronger !

Chan-jo Jun me répond en moins de cinq minutes ! Bien sûr, il peut m'aider ! Génial ! Moyennant environ 200 euros de l'heure. Ah. OK. C'est ce que je gagne pour un article que je peux mettre une semaine à écrire. Une simple interview pour apparaître dans mon enquête, alors ? Il décline.

---

1. *Incitation à la haine : Facebook visée par une enquête en Allemagne* [en ligne], Rue89, 6 novembre 2016.

Au cours de ma jeune carrière, j'aurai au moins appris une chose : la résistance au rejet est une qualité essentielle au métier de journaliste. Il faut pouvoir encaisser les râteaux, comme un chirurgien doit supporter la vue du sang. Mais ce n'est pas tous les jours une tâche aisée. Avec les Journalopes, pour en tirer notre parti, nous comptabilisons tous les râteaux que nous prenons sur une feuille et visons les cent par an. Avec l'idée que plus nous nous prendrons de vestes, plus nos projets aboutiront. J'ajoute une barre à côté de mon nom sur la liste accrochée sur un mur du bureau.

Le soir même, installée en terrasse à côté de chez moi, je raconte à Mirage l'anecdote et explique le concept de « l'objectif 100 râteaux ». Nous buvons toujours des spritz ensemble, tout en raillant ces cocktails « *so* l'été dernier ». Mirage m'explique alors se souvenir d'avoir été interviewé pour un article sur Tinder paru dans *Les Inrocks.* Coïncidence, moi aussi ! Nous nous rendons compte que, dans *Sites de rencontre, l'amour au bout des doigts*[1], je suis Léa, il est Théophile. Il me prête son téléphone pour que je lise ses citations. « Je suis vers la fin », m'indique Mirage. « Mais tu sais, c'était y'a longtemps », se sent-il obligé de préciser.

La drague en ligne vire parfois au sport de compétition. À une période, Dimitri et Théophile se

1. LesInrocks.com, 22 septembre 2013.

lançaient des défis. « À 1 heure du matin, on lançait nos charmes (requêtes – ndlr) aux filles en même temps. C'était un peu comme aller à la pêche. On lançait nos filets », rigole Théophile. « Mon record, c'est moins de deux heures, renchérit son pote Dimitri. À 23 heures, je lui envoyais un message, à 1 h 30, j'étais dans son lit. » Ce brun à l'allure soignée compte une douzaine de filles à son palmarès virtuel. Ses histoires ne se sont jamais prolongées plus de quelques nuits. Théophile en explique les raisons : « Quand tu chopes une fille sur AdopteUnMec.com, tu conserves toujours ton compte. Du coup, même si ça se passe bien, tu as toujours la tentation de retourner sur le site pour voir s'il n'y a pas mieux en rayon. »

« Ah oui, t'es sur Adopte aussi ? »

Je gagne du temps pour savoir comment réagir. Au moins cette fois-ci nous sommes attablés dans une ruelle calme, il n'y a personne à côté de nous, aucun témoin.

Je reste bloquée sur son expression « pas mieux en rayon ». Oh mais Judith, tu te doutes bien qu'il y a une immense dose de frime, de bluff, de provocation dans les propos de ces deux cons qui se targuent de choper comme on se vante d'avoir pêché un gros poisson, tu sais bien que les mecs entre eux en rajoutent, se la racontent, les filles aussi. D'ailleurs toi aussi, parfois, tu tiens des propos abominables, enfin ! Mais quand même… Est-ce que je parlerais de trouver « mieux en rayon » ?

Avec Mirage, je n'ai jamais rêvé du grand amour,

en même temps. Bon, je savais à quoi m'attendre, non ? Je savais bien qu'on ne pouvait pas tomber amoureux sur Tinder, non ?

Non, non, en vérité, j'ai beau me raconter toutes les salades du monde, je ne m'attendais pas à ça. Je suis heurtée. Pas la peine d'habiller sa quête d'une pseudo « peur de l'engagement », d'une envie de « profiter de la vie », de « vivre à fond sa jeunesse ». Non, non, il cherche juste *mieux*. Et *en rayon*.

« Je n'ai pas dit "en rayon" », tente Mirage. Je ne réponds pas.

« Je disais juste que c'est vrai que je suis toujours tenté de retourner sur les applis. » Je reste silencieuse.

« Je peux te piquer une clope ? » Je souris en roulant une cigarette. Cette séquence durera quelques secondes, mais dans ma tête, c'est le tourbillon. Comment réagir ? Il est toujours tenté d'y retourner ? Il y retourne tout le temps ? Mais pourquoi ? Que dire ? Que je suis heurtée, sous peine de passer pour une reloue ? Faire semblant de m'en moquer ?

Allons Judith, ne le prends pas contre toi. Tu sais bien comment ça marche, tu as lu un livre là-dessus. La première à avoir compris comment les réseaux sociaux et applications comme Tinder titillent notre cerveau pour nous donner sans cesse envie d'y revenir est Natasha Dow Schüll, anthropologue à l'université de New York et auteur d'*Addiction by design*[1]. Un des mécanismes psychologiques les plus

1. Princeton University Press, 2014.

puissants de l'addiction est celui de la récompense aléatoire et variable. Tout tient dans le fait de ne pas savoir si cette fois-ci vous allez recevoir une récompense, et de quelle nature. Un message ? Un *match* ? Et un *match* de qui ? OK, le mécanisme m'a d'abord paru léger. Pourtant, ça nous enchaîne comme des prisonniers à leurs barreaux. « Les machines à sous, qui fonctionnent très simplement sur ce système, rapportent plus aux États-Unis que l'industrie du baseball, du cinéma et des parcs d'attractions réunis, écrit l'anthropologue. En comparaison avec les autres types de jeux d'argent, les parieurs développent des problèmes d'addictions aux machines à sous trois à quatre fois plus rapidement. »

De bébêtes machines à sous avec des motifs qui défilent. Des bananes, des dollars, des cerises. Des bananes, des dollars, des cerises qui brassent des millions par an. J'ai très envie de lui dire d'aller se faire foutre, lui et ses putains de filets, lui et ses putains de rayons, que je ne suis pas une saleté de boîte de conserve. J'hésite.

Et puis non.

Je crache la fumée de ma cigarette en fixant mes pieds, et je me souviens. Je me souviens de mon 5 sur 10. Je me souviens de « je ne pourrai jamais tomber amoureux d'une fille rencontrée sur Tinder », que j'ai un peu entendu comme un « personne ne tombera jamais amoureux de toi ».

En plus, ce ne sont pas des bananes, des dollars ou des cerises qui défilent sur Tinder, mais d'autres filles, d'autres sourires, d'autres coupes de cheveux, d'autres rires, d'autres ongles toujours bien vernis, et évidemment d'autres corps, beaux, doux, lisses.

Je me souviens de ma note sur Tinder. Peut-être pas du tout aussi élevée que je l'aimerais. Je me souviens de « dépêche-toi, 28 ça passe encore, mais passé 30 ans, c'est la guerre ».

En plus, j'ai 29 ans maintenant. Et mes belles années sont loin, loin derrière, à en croire ce que j'ai lu dans *Dataclysm.* Paru en 2014, le livre analyse les données compilées par le fondateur d'OkCupid, une application de dating qui appartient à la même société que Tinder, Match Group. Si vous êtes une femme hétéro célibataire de plus de 21 ans, c'est le livre le plus déprimant de l'histoire. En gros, passé 21 ans, plus personne ne s'intéresse à vous. Si les femmes cherchent toujours peu ou prou des hommes de leur âge à quelques années près, les hommes cherchent à contacter les filles de 21 ans. Attention, c'est écrit mot pour mot comme ça dans le livre. « Ce n'est pas un sondage, c'est un constat érigé en observant des dizaines de millions de comportements en ligne. Une femme cherche, quel que soit son âge, à peu près un homme de son âge. Pour les hommes, une femme est au top au début de sa vingtaine. C'est tout. Les femmes les plus likées par les hommes ont toujours entre 20 et 24 ans, écrit l'auteur du livre, même par les hommes de plus de 40 ans. Dès qu'elle est en âge légal de boire de l'alcool, une fille est déjà trop vieille. »

Sont-ils vraiment comme ça, les hommes que je connais ? Je pense à mes amis d'enfance, mon amoureux de CM2, mes anciens colocs, mon grand frère, l'ex de Zoé que j'adorais, mon ex à moi. Jamais, jamais je ne les imaginerais capables d'autant de cynisme, de se dire: « Ah non, passé 30 ans, c'est mort. » Cachent-ils bien leur jeu ? Après tout, j'ai grandi avec la série *How I Met Your Mother*, dans laquelle Barney Stinson ne cesse de clamer son dégoût pour les femmes de plus de 29 ans à peu près douze fois par épisode.

Je finis par rendre son téléphone à Mirage et lui faire mon plus beau sourire. J'ai peur.

Car c'est vrai, il y a mieux que moi en rayon, bien mieux que moi, et je n'en ai jamais eu autant conscience. Je ne suis pas un produit d'appel, moi, version tête de gondole, avec lequel on appâte le chaland. Je ne suis pas non plus une boîte de cassoulet, je dois être quelque part entre les deux. Je me vois plutôt comme un bon gruyère, tiens, voilà, je suis un bon gruyère. Un produit réconfortant, mais on ne se pâme pas pour un gruyère.

Alors pire que de m'écraser, je m'excuse.

« Pardon, je ne veux pas faire la relou. En plus je suis contente de te voir. »

Notre soirée se poursuit comme si de rien n'était. Il y a des râteaux que je suis bien moins prête à encaisser.

CHAPITRE 6

Tinder makes me…

« Judith, c'est Louis, de Havas. Rappelle-moi, on a peut-être une opportunité pour toi. » Nous sommes vendredi matin, je suis en pyjama dans mon salon quand je reçois ce message. Je travaille à distance pour un site web, je n'ai pas eu le courage de me rendre au bureau des Journalopes. Je rappelle Louis illico. Tinder s'apprête à lancer en France un partenariat avec Spotify pour permettre aux utilisateurs d'afficher sur leur profil leur chanson préférée, m'explique-t-il. L'appli cherche à leur offrir des pistes pour engager la conversation, histoire que les *matchs* ne restent pas lettre morte. C'est aussi un moyen pour Tinder de récupérer toutes vos données personnelles sur Spotify, mais ça, bien sûr, ce n'est pas clamé sur tous les toits. Il me propose donc pour *Grazia* une interview de Sean Rad, le PDG. « La première en France », précise Louis.

Sean Rad ?! En interview ?! Je suis surexcitée. J'appelle la rédactrice en chef des pages actu de *Grazia*. « OK, me dit-elle, mais il ne faut pas qu'ils se servent de nous juste pour faire la pub de leur partenariat. Tu acceptes seulement s'ils s'engagent à délivrer des informations sur l'utilisation de Tinder en France. Il nous faut des chiffres, de l'info, du biscuit. » Je note toutes ses recommandations dans mon cahier à motif pélicans.

Je vais passer ma journée au téléphone avec Louis et Lise de *Grazia*, et en même temps tenter de fournir le travail qui m'est demandé pour l'autre site pour lequel je pige. Je n'aurai le temps de prendre ma douche qu'après 18 heures, mais je m'en moque, je suis concentrée à bloc. J'ai dans la tête mon double agenda : répondre aux conditions posées par *Grazia* pour fournir une interview de qualité qui apporte des nouvelles informations aux lectrices. Et trouver le moyen de poser même une demi-question sur l'algorithme à Sean Rad, ou juste le faire parler sur l'aspect consumériste de Tinder, je ne sais pas, il faut que j'en retire *quelque chose.*

Une interview avec un PDG de la Silicon Valley se négocie comme une rencontre avec un politique. Louis, en ligne avec Tinder, me fait part de leurs demandes et conditions et je fais pareil de mon côté avec *Grazia*. Proposition, contre-proposition, discussion. « Sean voudrait relire l'interview avant publication », m'explique Louis. Quand un interlocuteur souhaite relire une interview, cela veut dire qu'il veut aussi pouvoir modifier ses réponses a posteriori. « Personne n'a jamais relu une interview dans *Grazia*, rétorque la red' chef, même le Premier ministre. »

Nous convenons que j'enverrai mes questions à l'avance, mais que je serai libre de relancer la conversation. C'est essentiel. Cela signifie que tout le monde accepte tacitement que j'envoie une première liste de questions en amont pour que Sean Rad prépare l'interview, mais que j'en garde certaines secrètes. C'est là que se joue ma toute petite marge de manœuvre.

Le texte doit être rendu à *Grazia* avant dimanche soir, relu par la cheffe puis envoyé à l'impression lundi, au petit matin. Nous convenons de caler l'entretien durant le week-end. Avec le décalage horaire, je vais me retrouver à interviewer Sean Rad le samedi soir autour de 21 heures, taper le texte dans la foulée et l'envoyer à mes boss. J'accepte, tout en me rappelant que deux amis, rencontrés quand j'étudiais à Londres, débarquent le soir même pour deux jours chez moi. J'ai aussi invité ma bande de Paris à prendre l'apéro, et j'ai l'espoir que Mirage se joigne à nous.

Nouveau coup de fil de Louis, avec Julia.

— En revanche Judith, si tu mentionnes la question du Elo Score, on ne fait pas l'interview. On ne veut plus en parler, la presse s'est emballée sur ce concept de note de désirabilité, ce n'est pas du tout ça. Ce serait dommage parce que je t'aime bien et je suis sûr qu'on pourra faire plein de choses ensemble, mais là, c'est niet.

— C'est quoi si ce n'est pas une note de désirabilité ?

— On ne veut pas en parler.

Nous avions déjà évoqué ensemble l'article de *Fast Company* et le concept d'Elo Score au détour d'une conversation. Aurais-je dû ne jamais en parler avec lui ? Je dis amen à sa condition au téléphone, pas question de tout faire planter maintenant. Est-ce que je vais la jouer kamikaze et parler du Elo Score à la fin de l'entretien ? Les dernières questions sont celles des « snipers ». Si vous fâchez votre interlocuteur en début d'échange, vous prenez le risque de le faire fuir ou de le braquer, et là vous avez tout perdu. Je ne sais plus, je suis épuisée, et puis il faut que j'aille chercher mes copains à l'Orly Bus. Je déciderai plus tard.

Au café en bas de chez moi, mes amis de Londres se mélangent très bien avec ceux de Paris et s'amusent de mon changement de programme pour cause d'interview.

— Tu peux demander à Sean Rad s'il est célibataire ! s'amuse Hannah.

— Ou la liste de tous les mecs qui t'ont déjà likée sur l'appli. Comme ça, tu peux faire ton marché, rétorque Matthew.

— Ou de t'offrir un accès à vie à Tinder Select !

Tinder Select a été présenté dans la presse comme un Tinder spécial VIP, accessible uniquement sur invitation, réunissant la crème de la crème des célibataires. « Pour les top-modèles et les CEO[1] », résume le site américain TechCrunch. Tinder a toujours

1. Chief Executive Officer, soit PDG.

refusé de s'exprimer publiquement sur l'existence même de l'option. Mais elle est bel et bien réelle : le journaliste américain Nathan McAlone a réussi à se faire inviter sur Tinder Select en juin 2017[1]. « Au premier abord, ce n'est pas un Tinder différent, explique-t-il. Vous swipez comme sur le Tinder normal. Les autres profils "select" apparaissent juste encadrés de bleu avec un badge "select". Je n'y ai vu aucun mannequin ou CEO, mais plutôt des personnes travaillant chez Tinder, dans la tech, les relations publiques, des journalistes tech. »

La différence est ailleurs. « Quand j'ai installé Tinder Select, explique encore Nathan McAlone, j'ai swipé un peu à droite à gauche, rien n'était spécialement différent. En revanche, le lendemain matin, j'avais vingt *matchs* ! Cela ne m'était jamais arrivé avant. J'en avais un par jour grand, grand maximum. Avec Tinder Select, l'algorithme est de votre côté. Ma théorie est que Tinder Select a poussé mon profil vers les profils que j'avais déjà likés, même les plus anciens, ceux que j'avais likés des semaines plus tôt. Ce coup de pouce continue, à chaque fois que j'utilise Tinder, j'ai bien plus de *matchs*. J'ai aussi l'impression que dès que je swipe, il y a déjà bien plus de gens qui m'ont liké. Je pense que mon profil est également montré à bien plus de personnes. »

Impossible, selon lui, de savoir combien de

1. *Inside the secret version of Tinder for celebs and other VIPs – here's what the invite-only 'Tinder Select' is like* [en ligne], BusinessInsider.fr, 14 juin 2017.

personnes bénéficient de l'option Select, puisque Tinder refuse de communiquer sur le sujet. Il ne peut pas non plus m'inviter à rejoindre Select : il faut soit travailler chez Tinder pour le faire, soit avoir un profil super-select qui permet d'inviter.

Un profil super-select ! Où que l'on soit sur Tinder, l'application trouve toujours le moyen de te faire comprendre que tu n'es pas en haut de la pile. Qu'il y a toujours un niveau de plus, comme dans un jeu vidéo.

Depuis 2017 et les quelques articles dans la presse américaine spécialisée, je n'ai plus jamais entendu parler de Tinder Select. « Ma théorie est que l'option est restée en bêta, poursuit Nathan. Depuis que je l'ai installée, je n'ai pas vu davantage de profils Select apparaître. »

En revanche, en août 2017, Tinder lance Tinder Gold, une option payante permettant de voir qui vous a déjà liké et de « booster » votre profil. L'option coûte 15 euros pour un mois, avec un tarif dégressif si on s'abonne pour plus longtemps (6 euros par mois pour un an). Grâce à cette option, Tinder est devenue l'appli la plus rentable de l'Apple Store, devant Netflix et CandyCrush, selon le classement App Annie. Lors de sa sortie, la marque décrit Tinder Gold comme un « concierge du swipe » qui aiderait à draguer, « disponible 24 heures sur 24, vous apportant tous vos *matchs* en attente sur plateau ».

J'ai testé Gold pendant un mois, avec son option Boost. On a droit à un boost toutes les quatre semaines. Mon profil est alors placé en « top profile » pendant trente minutes, explique Tinder. L'effet est impressionnant, l'appli décompte en direct le nombre de personnes, et le compteur s'affole, des centaines de mecs me swipent, m'indique Tinder. J'ai beau ne plus y croire autant qu'au début, me voilà flattée. On peut ensuite choisir de liker ou pas les personnes qui vous ont déjà swipé.

C'est un crime parfait cette affaire. Tinder aurait-il créé un algorithme injuste, qui mettrait les moches avec les moches et les beaux avec les beaux ? Y aurait-il une hiérarchie sexuelle basée sur les Elo Score de chacun ? Tinder offrirait-il à chaque utilisateur la possibilité d'échapper à son propre algorithme en payant ? Et ainsi, de vivre pendant trente minutes la grande vie d'un gagnant du Elo Score, de faire une petite visite de trente minutes dans les salons de 1re classe avant de redescendre à sa place ? Tout serait alors prévu, la carotte et le bâton, le problème et la solution.

Au café avec mes amis, mes yeux ne lâchent pas mon téléphone. Quand je reçois un message, une petite lumière bleue clignote, elle demeure verte le reste du temps. Je fixe la lumière verte et ne cesse d'espérer qu'elle change de couleur. Mirage m'a dit qu'il « me tiendrait au courant » de ce qu'il ferait ce soir. Si ça existait, est-ce que j'achèterais un « lovelife boost » pour 15 euros par mois, pour que dans ma vie les mecs répondent toujours à mes messages dans l'heure qui suit ? Il existe bien un service aux

États-Unis, Invisible Girlfriend[1], où des femmes sont payées pour tenir des conversations par SMS avec des hommes comme si elles étaient leurs petites copines. Elles sont payées 5 dollars les cent messages. « Qu'est-ce qu'une *invisible girlfriend* ? La version numérique d'une vraie petite amie sans ses casseroles », indique le service, qui revendique 70 000 utilisateurs sur son site. On peut créer sa fausse petite amie sur mesure, demander qu'elle soit plutôt tendre ou impertinente, inventer sa rencontre, etc. Mais surtout, l'argument de vente principal du service est que l'*invisible girlfriend* répond toujours dans les cinq minutes aux messages. Toujours.

« Tu sais que "te tenir au courant" ça veut dire qu'il ne viendra que s'il ne trouve pas un meilleur plan que toi ? me claque mon amie Hannah. Demande-lui ce qu'il fait, et s'il ne te répond pas, t'es fixée. »

Bien sûr qu'elle a raison. Mais j'ai bien trop peur de me montrer en demande. J'ai l'impression que c'est la pire des insultes, le passeport pour une solitude éternelle. Il faut faire semblant de n'en avoir rien à faire pour qu'on vous aime, c'est connu, enfin Hannah ! Je veux cacher mon désarroi et mon besoin d'amour.

Dans une interview sur France 2, en 1977 après la sortie de *Fragments d'un discours amoureux*, Roland Barthes explique que ce qui nous paraissait obscène

---

1. *I was an invisible girlfriend for a month* [en ligne], Splinter News.com, 7 septembre 2015.

dorénavant, ce n'était plus la sexualité, mais la sentimentalité. « Dans l'époque actuelle, cette espèce d'amour-passion, d'amour-romantique, n'est plus à la mode. [...] S'il s'agissait d'affirmer une perversion ou une sexualité, à ce moment-là, le sujet trouvera un langage théorique, depuis vingt ans, qui l'aidera à se comprendre et à s'affirmer. Mais s'il lui advient d'être amoureux comme on l'était du temps de Werther, eh bien à ce moment-là, personne autour de lui ne répond. [...] Il y a un renversement. Et maintenant, je prétends qu'un sujet, je dis bien un sujet pour ne pas prendre parti à l'avance sur le sexe de ce sujet, un sujet amoureux aura beaucoup de mal à vaincre l'espèce de tabou de la sentimentalité, alors que le tabou de la sexualité aujourd'hui se transgresse très facilement. »

Oui, c'est ça, je me sens obscène, dégoulinante, gênante, à fixer mon téléphone et à me désoler de voir sa lumière verte, encore verte, toujours verte. Pourquoi ne m'écrit-il pas, qu'est-ce que j'ai fait ? Je parle avec mes amis, commande une bière, fume une cigarette, ris à une blague, mais dans ma tête se joue un tout autre film. Ou plutôt il s'en joue deux. Je me remémore notre dernière soirée passée ensemble, me repasse mes répliques. Je passe d'un scénario à l'autre. Dans le premier, je suis persuadée que je ne le reverrai plus jamais. Je me souviens alors que, c'est sûr, j'ai dû le saouler avec ma réaction sur l'article des *Inrocks* ! C'est mort, tu ne le reverras jamais, il a dû trouver une autre fille, plus légère, plus amusante ! Et mon cœur se serre alors, non,

non, je change le scénario. Bien sûr qu'il va me faire signe ! Il doit juste être occupé avec ses amis !

Je craque et attrape mon téléphone. Je regarde sur Facebook Messenger l'heure de sa dernière connexion. Le couperet tombe. Connecté il y a trente-trois minutes. Son silence est une décision active.

Il est déjà presque minuit, il ne viendra pas, je dois me rendre à l'évidence. Il ne me « tiendra pas au courant ».

Je trouve un brin de réconfort en me demandant alors combien nous sommes. Combien sommes-nous, à cet instant précis, à scruter les deux V bleus sur WhatsApp, indiquant avec certitude que notre message a été lu mais demeure sans réponse ? Plus question de se réfugier dans le doute, d'arrondir les angles avec des suppositions. Peut-être n'avait-il pas de batterie ? Peut-être est-il endormi ? Peut-être est-il au cinéma ? Peut-être n'a-t-il pas regardé son téléphone ? Non, plus de doute, rien que la certitude d'un silence délibéré.

Quelques heures plus tard, je ne trouve pas le sommeil et scrolle des kilomètres de vide d'Instagram à Facebook en passant par Twitter. Sur l'écran bleu de mon téléphone brillant dans l'obscurité de ma chambre, je tape sur Google « *Tinder makes me* » (Tinder me rend), pour voir les suggestions que va me faire le moteur de recherche. Il fait apparaître en gris sous la barre de recherche les combinaisons de mots les plus recherchées.

« Tinder makes me feel depressed / lonely / empty / anxious / feel bad / insecure », me propose Google. Je m'arrête un instant et retrouve le sourire. Au moins, je ne suis pas la seule à me sentir seule ! C'est déjà ça, non ?

Mais surtout je viens de trouver ma question pour Sean Rad. C'est vrai quoi, je vais interviewer Sean Rad ! Elle est pas si mal ta vie, Judith ! Je me réjouis à nouveau.

Est-ce tout le monde, ou est-ce juste moi, qui passe par toutes les émotions en quelques secondes, comme quand on passe sa souris sur les boutons du like Facebook ? Tac, les logos grossissent et défilent, j'aime, j'adore, je suis en colère, je ris, je pleure, est-ce tout le monde, ou est-ce juste moi ?

CHAPITRE 7

45 millions de fois par jour

Depuis les toilettes, on n'entend presque plus la musique. Les murs frémissent au rythme des basses. Il doit être 3 heures du matin. J'ai emmené mes amis de Londres dans un club situé au bord de la Seine. Je réprime un bâillement et sors de mon sac un marqueur rose.

J'ai acheté ce feutre dans l'après-midi. Après avoir songé à tous ceux qui comme moi se sentaient minables à attendre que leur putain de téléphone daigne afficher un message, j'ai décidé de me mettre à écrire, sur les murs des toilettes des bars et des clubs, des paroles d'encouragement. Oui, d'encouragement. Dans les toilettes, car c'est le lieu privilégié où les filles se retrouvent, au collège ou même au bureau des années plus tard, le lieu d'intimité où on se réfugie pour rire, pleurer, reprendre ses esprits. J'ai envie de partager un peu de sororité, d'amour même je crois. *«Swipe right on yourself»*, j'écris doucement. Ce n'est pas facile, la mine de mon crayon s'accroche sur le lambris des murs du bâtiment préfabriqué.

Plus tard, je m'associerai avec une amie et nous en publierons les photos sur Instagram[1]. J'écris surtout pour moi, j'essaie de me rassurer. Difficile car j'ai en tête les terrifiantes statistiques de *Dataclysm* qui indiquent si clairement que je perds de la valeur chaque jour qui passe.

J'ai l'impression qu'en tant que femme je porte dans mon corps une bombe à retardement. Non, pire, je suis moi-même une bombe à retardement. Je me sens proche de ma propre explosion qui signifiera la fin de mes années « baisable », mais je dois absolument avoir trouvé le moyen de m'être chopé un mec pendant ces années, et qui plus est un père potentiel, puisqu'à la fin de mes années de baisabilité j'ai le choix entre devenir mère de famille, vieille fille, folle à chat ou cougar désespérée.

Cette idée me fait enrager alors j'appuie plus fort avec mon feutre.

Quelques heures plus tôt, j'ai réalisé l'interview de Sean Rad par téléphone. J'avais répété dans l'après-midi avec Hannah pour parler dans un bel anglais – elle est australienne.

Au moment venu, j'enferme mes invités dans ma chambre avec une bouteille de vin, un plateau de fromages et l'interdiction formelle d'entrer dans mon salon (à peine ont-ils le droit de se rendre aux toilettes sur la pointe des pieds). J'ai le trac mais je

---

1. Instagram.com/toilets_queens_berlin

ris avec Hannah de la configuration de la scène : « S'il te voyait, le grand manitou de Tinder, il se marrerait bien », se moque-t-elle, alors que je m'apprête à réaliser mon interview parée d'un legging en cuir et d'un haut noir, puisque nous avons décidé de sortir ensuite. Mon cœur tambourine au moment de décrocher le téléphone.

Louis et Julia m'appellent pour me connecter à une « conf room ». S'ensuit une présentation de noms et de titres, VP product ou marketing director, je ne sais plus qui est quoi, je comprends juste qu'il y a pas mal de monde de l'autre côté du téléphone.

Je pose ma première question à Sean Rad, la question promo :

— Tinder lance aujourd'hui une nouvelle fonctionnalité en partenariat avec Spotify, qui permet d'afficher ses goûts musicaux sur son profil. Pourquoi est-ce important selon vous ?

Il répond avec un sourire dans la voix et déroule son argumentaire.

— Mes goûts révèlent un peu qui je suis, les chansons que j'aime disent quelque chose de ma personnalité. Nous espérons ainsi pouvoir aider nos utilisateurs à engager la conversation et avoir des échanges riches. Quel est le meilleur moyen pour briser la glace que d'échanger sur la musique ? Nous avons déjà révolutionné la manière dont les gens se rencontrent, maintenant nous voulons révolutionner la manière dont ils font connaissance et tissent des liens.

C'est déjà le cas, je pense, pas forcément pour mon plus grand bonheur.

— Quand un utilisateur se connectera à Tinder, l'application lui présentera en priorité des profils avec des goûts musicaux similaires aux siens ?

— Oui. Nous nous servons d'un certain nombre de données comme les pages Facebook que les utilisateurs ont likées, leurs amis Facebook en commun, leur position géographique ainsi que leurs goûts musicaux pour présenter en priorité des profils susceptibles de leur plaire.

Ou pour m'attribuer un Elo Score et me présenter des profils du même niveau que moi, je me dis intérieurement.

— Suis-je condamnée à ne rencontrer que des hommes qui me ressemblent, alors ? Je bats des cils copieusement, même au téléphone, pour m'autoriser cette mini-sortie de route de notre liste de questions prévues.

— Non ! Ma question l'amuse. Aucun profil ne vous est caché sur Tinder, vous pouvez voir tout le monde. C'est une simple question de hiérarchisation. Si les personnes qui aiment les mêmes musiques que vous ne vous plaisent pas, continuez à swipper.

Tinder revendique 60 millions d'utilisateurs dans le monde. Si, à cause d'un mauvais Elo Score, mon profil est systématiquement en bas d'une pile de 150 000 personnes, il n'est peut-être pas techniquement caché, mais dans les faits, il y a peu de chances qu'il soit vu.

— Les Français sont-ils différents des autres utilisateurs de Tinder dans le monde ?

— Les Français sont ceux qui ont les plus longues conversations avant de se rencontrer, par exemple. Une semaine en moyenne. L'amour est une affaire sérieuse en France, nous le savons, et c'est pour ça que nous nous intéressons particulièrement aux utilisateurs français. Tinder est très populaire dans votre pays. Au niveau mondial, la France est le quatrième pays où l'application est la plus téléchargée. Paris est la ville où il y a le plus d'utilisateurs pendant l'année, Nice l'été. Chaque jour, 45 millions de swipes sont réalisés, rien qu'en France.

Quarante-cinq millions de swipes par jour. Je peine à me les représenter.

L'interview se poursuit jusqu'à la dernière question de la liste officielle.

— Eh bien merci, Judith…

— Attendez ! Certains qualifient Google Suggest[1] d'« inconscient collectif d'Internet ». Quand on tape sur Google « *Tinder makes me…* » on obtient « triste / déprimé / seul / anxieux / insécure ». Qu'en pensez-vous, Sean Rad ?

— L'emploi du temps de Sean est très, très chargé, alors Judith ce sera peut-être pour la prochaine fois, coupe Louis. Merci infiniment !

— Non, c'est bon, reprend le PDG. C'est

1. Fonctionnalité lancée par Google en 2004 qui propose des mots-clés associés lorsqu'on commence à écrire dans la barre du moteur de recherche.

dommage que vous ne soyez pas à Los Angeles, Judith. Je vous montrerais les centaines, les milliers de lettres de remerciement que je reçois, les faire-part de mariage et de naissance. Ces bonheurs-là, personne n'en parle, alors qu'ils font notre fierté.

— Mais si vous êtes fiers de ces histoires d'amour, c'est…

— Merci infiniment, Judith. Ce fut un plaisir de discuter avec vous, nous sommes ravis. Nous devons filer. Mille mercis, vraiment, et au revoir, me lance une voix féminine avec un très joli « au revoir » en français.

Terminé.

Je n'ai guère obtenu d'informations pour ma quête. Les profils ne sont pas cachés en fonction de leur note, seulement hiérarchisés. Mais avec de tels volumes de profils, cela ne fait plus de différence. Je n'ai pas cent sept ans d'introspection devant moi, je dois rédiger l'interview en quatrième vitesse pour enfin libérer mes invités qui piaffent derrière la porte.

*

Paul-Olivier Dehaye m'a répondu ! Génial !

« Trop cool, trop cool, trop coooooooool ! » Je chantonne toute seule dans ma cuisine. Mes invités viennent de partir aux aurores, ils ont pris l'Eurostar avant d'aller travailler. « Trop, trop coooooooool ! »

Paul-Olivier Dehaye est un mathématicien suisse, diplômé de la prestigieuse université américaine de Stanford, située en pleine Silicon Valley. En décembre 2016, il a aidé Mounir Majhoubi, alors président du Conseil national du numérique, à obtenir ses données personnelles auprès d'Uber. Ils avaient découvert que l'application continuait de le géolocaliser bien après la fin d'une course avec un des chauffeurs du service. Paul-Olivier Dehaye a également été une source clé auprès du *Guardian* pour révéler le scandale de microtargeting politique, par l'équipe de campagne de Trump, à partir de données Facebook via Cambridge Analytica. Le Parlement européen a prévu de l'auditionner. Nous prenons rendez-vous.

— Je suis content de vous aider car vous avez l'air vraiment révoltée par ce concept d'Elo Score, sourit Paul-Olivier en s'installant en face de moi au café, accent suisse et regard doux.

— Mais oui ! Pas vous ?

Je m'étonne sans cesse, au cours de mon enquête, de devoir expliquer ce qui me dérange dans ce concept.

— Si, bien sûr. Mais si ce n'était qu'un Elo Score ! Vous êtes évaluée une centaine de fois par jour sans même vous en rendre compte. Vos données personnelles servent à vous attribuer une note sur Tinder, oui. Mais décident aussi à quelles offres d'emploi vous avez accès sur Linkedin, combien vous allez payer pour assurer votre voiture, si vous pouvez contracter un emprunt, et demain quelle publicité vous verrez dans le métro. Nous nous dirigeons vers une société de plus en plus opaque, un monde de plus en plus abstrait, où des données collectées sur vous sans même que vous le sachiez, peut-être des données vieilles de plusieurs années, auront des conséquences immenses sur votre vie. Au final, toute votre existence sera bouleversée, prédéterminée par toutes les données collectées sur vous.

La conversation avec Paul-Olivier dure plusieurs heures et me passionne. Sur le chemin du retour jusque chez moi, je regarde la rue d'une façon différente. Sur Internet, ma réalité est façonnée à mesure que je navigue comme si la rue dans laquelle je marche changeait en direct. Cette pub à ma droite serait pensée pour moi en fonction de mon âge, mon sexe, ma taille, mon poids, et surtout mon état émotionnel du moment, mes faiblesses, mes angoisses et mes secrets. Cette une d'un journal serait adaptée à mes opinions, soit pour les flatter, soit pour m'exaspérer, car exaspérer les internautes provoque des réactions et donc de l'engagement, parfait pour les marques et les réseaux sociaux. Si je rentrais dans un bar, les hommes y seraient sélectionnés pour que je ne voie que ceux de mon niveau de beauté.

Cette rue imaginaire que je décris existe déjà. Internet, c'est la vraie vie, si mon espace virtuel est restreint, ma liberté l'est tout autant. Toutes ces décisions sont prises de façon arbitraire et secrète par des acteurs privés à partir de données me concernant, à qui je ne peux pas demander comment ils procèdent. Car les algorithmes des entreprises comme Tinder sont leur propriété intellectuelle, la loi les protège. Pourquoi ? La recette du Coca-Cola est maintenue secrète, mais nous savons qu'une autorité sanitaire l'a certifiée apte à la consommation. Pourquoi personne ne vérifie que l'algorithme de Tinder respecte notre dignité ? La mathématicienne américaine Cathy O'Neil, auteure, en 2016, de *Weapons of Math Destruction*[1] (traduit en français sous le titre *Algorithmes : la bombe à retardement*[2]) milite pour la mise en place d'une « responsabilité algorithmique ». Elle a créé une compagnie d'audit pour donner un label qualité aux algorithmes. Mais c'est l'une des seules !

Bien sûr, il serait illusoire de croire que dans la vie analogique, nous ne sommes pas gouvernés par un certain déterminisme, toute notre réalité est bornée, limitée, préconstruite par notre milieu social, notre couleur de peau, notre classe sociale, etc. Mais tout l'enjeu du journalisme, c'est précisément d'identifier ces déterminismes, histoire de desserrer les cordes qui entravent notre liberté.

Mon questionnement autour du Elo Score s'inscrit dans un mouvement politique global, le capitalisme de surveillance. C'est l'universitaire Shoshana Zuboff qui a théorisé cette notion pour

1. Crown, 2016.
2. Les Arènes, 2018.

la première fois en 2015[1]. Pour cette professeure à Harvard, l'ensemble de l'économie des plateformes repose sur l'exploitation de nos données personnelles. À chaque fois que nous nous connectons à Internet, nous sommes, sans y consentir et sans même le savoir, les sujets de dizaines d'expériences pour déterminer comment nous vendre des produits de la façon la plus efficace possible. Chacun de nos faits et gestes est épié, traqué, enregistré, pour ensuite nous proposer le produit qui répondra pile-poil à nos besoins du moment ou pourra être présenté comme une solution miracle à notre état émotionnel.

Dans un premier temps, Tinder peut donc analyser nos données et cibler en particulier les galériens de l'application pour leur proposer de souscrire à Tinder Gold. Ou alors nous faire basculer sur un autre site de la galaxie Match, comme OkCupid ou PlentyOfFish. Si vous ne vous prenez que des râteaux sur Tinder et voyez apparaître çà et là des publicités pour OkCupid avec leur slogan « Ici, vous êtes bien plus qu'un selfie », ne vous posez pas davantage de questions.

Enfin, Tinder « partage également avec des

1. *Big Other: Surveillance Capitalism and the Prospects of an Information Civilization*, mars 2015, *The Journal of Information Technology* ; *The Age of Surveillance Capitalism: The Fight for a Human Future at the New Frontier of Power*, Shoshana Zuboff, janvier 2019.

partenaires publicitaires » nos données personnelles, comme indiqué dans leur *Privacy policies*[1] :

> Nous pouvons également partager ces informations avec d'autres entreprises Match Group et des tiers (notamment les publicitaires) afin d'élaborer et de présenter des publicités ciblées sur notre service et sur les sites Web ou applications de tiers et d'effectuer des analyses et des rapports sur la publicité que vous voyez.

Donc Tinder monnaie l'accès à nos informations auprès d'entreprises qui vont ensuite les exploiter pour nous adresser de la publicité ciblée. Il est donc tout à fait possible que Tinder vende l'accès à des listes de personnes classées selon leur niveau de désirabilité. Ou de filles désespérées, de mecs déprimés à qui personne ne répond jamais. Ou d'accros qui passent plus de trois heures par jour sur l'appli. Sur le site usdate.org par exemple, n'importe qui peut acheter des listes de profils issus de site de dating, avec photos. Ils sont classés selon l'ethnicité, le niveau d'études, la religion ou encore le type de silhouette. Selon les recherches effectuées par l'ONG de défense des droits numériques Tactical Tech[2], parmi ces profils, certains sont issus de Tinder.

---

1. Extrait des conditions d'utilisation de Tinder [en ligne], help.Tinder.com.
2. Datadating.tacticaltech.org

Paul-Olivier m'a écrit un modèle de mail à envoyer au service juridique de Tinder pour tenter d'obtenir mon Elo Score et mes données. Il n'est pas sûr que ça marche, mais au moins, il est argumenté avec des références adéquates aux textes de loi. Dès mon retour chez moi, je l'envoie à l'adresse générale de l'équipe vie privée de Tinder.

Cher Tinder,

Comme la directive européenne 95/46/EC article 12 et la loi n° 78-17 du 6 janvier 1978 modifiée en août 2004, relative à l'informatique, aux fichiers et aux libertés, article 39, ainsi que le Data Protection Act du Royaume-Uni m'y autorisent, je souhaite obtenir une copie de l'intégralité de mes données personnelles ainsi que mon ci-nommé "Elo Score".

La loi française doit s'appliquer car, d'une part les données concernées ont été collectées sur le territoire français (voir article 5 de la loi n° 78-17), d'autre part le groupe Meetic, entreprise appartenant à Match Group comme Tinder, possède un siège social à Paris. La loi du Royaume-Uni doit aussi s'appliquer car la maison mère de Tinder, Match Group, possède une antenne dont le siège social européen est situé au Royaume-Uni. Dans les deux cas, la jurisprudence européenne de la Cour de justice "Google Spain SL and Google Inc. v Agencia Española de Protección de Datos (AEPD) and Mario Costeja González" est applicable.

Je souhaite en particulier attirer votre attention sur les articles des “dispositions générales concernant les infractions à la présente loi” du Data Protection Act britannique [loi sur la protection des données] de 1998 ainsi qu’à ceux du chapitre VIII “Dispositions pénales” de la loi française n° 78-17 dite “informatique et libertés”, qui traitent non seulement de la responsabilité des personnes morales, mais aussi de la responsabilité personnelle des agents en leur sein.

Bien à vous.

CHAPITRE 8

Exclusivité vs quantité

L'histoire avec Mirage se termine quatre mois après notre rencontre. Comme ça, un soir où nous avions prévu de nous voir, je l'interroge sur ce que nous sommes, où il nous voit aller, et je me rends bien compte que nous attendons des choses très différentes. Encore une rupture qui n'en est pas vraiment une. Dans le futur, nous essaierons encore de sortir ensemble, mais cela se terminera toujours de la même manière, sans que rien ne commence jamais vraiment.

Quand je le croise quelques semaines plus tard à une soirée, il me présente comme son ex. Je comprends que, pour lui, nous avons été ensemble. Je n'ai pas eu cette sensation et j'en suis très frustrée. Je pars alors en « vacances-travail » à Berlin pour trois semaines, histoire de me changer les idées.

Et je décide, une fois là-bas, de ne pas revenir à Paris. Juste quelques semaines pour vider ma chambre.

La vie de pigiste à Paris est difficilement tenable. Mon loyer à 800 euros pour une toute petite chambre dans une colocation pèse lourd sur mon budget. À Berlin, on peut se loger pour deux fois moins cher. Enfin, je donne cet argument à tout le monde pour justifier ma décision. La réalité est bien plus prosaïque.

Je ne parle pas un mot d'allemand et découvre la ville en plein mois de janvier, quand la nuit tombe à 16 heures. Je n'y connais personne. C'est d'abord ce qui m'a plu. Je ne comprends rien. Rien de rien. Les conversations de mes voisins de métro, les mecs qui parlent dans la rue, les publicités sur les murs. Mon attention n'est jamais captée à mon insu. Comme je ne les comprends pas, les autres et leur regard me semblent avoir moins de poids. Je me recentre et me cache dans la nuit. Je fais d'immenses balades, mon casque vissé sur les oreilles, à regarder tomber la neige et à me perdre sans arrêt.

Tous les après-midi, je vais dans le même café «*gemütlich*» pour écrire mes articles. *Gemütlich*, c'est un mot allemand pour désigner une forme de confort doux et enveloppant, un art de vivre que l'on cultive dans les pays où il fait froid. Je m'installe toujours à la même place dans un grand fauteuil en velours rouge, à côté d'une cheminée, avec mon ordi sur les genoux. Je vais développer une forme de torticolis chronique à force de travailler comme ça, assise n'importe comment.

Et puis surtout, je retrouve le même ami qui passe aussi sa vie dans ce café. Je le reconnais à son bandana rouge autour du cou. Lui et moi, on s'est adoptés et je lis bien la joie dans son langage corporel à chaque fois que je passe la porte et me rapproche de lui. Il s'appelle Hektor et si, au début, je n'osais pas, avec le temps j'aime passer ma main sur son ventre chaud et le gratter derrière les oreilles.

J'adore les chiens. Tous me rappellent Loula, la petite chienne noir et blanc avec laquelle j'ai grandi et avec qui je me suis promenée des heures et des heures avec mon casque audio vissé sur les oreilles, déjà. Berlin est une ville très canine. Ici, il est normal de tout faire avec son chien, même aller au travail ou faire ses courses. C'est d'ailleurs le premier article que je vends depuis Berlin à *Management* : « Travailler avec son chien, l'idée à piquer aux Allemands ? » Et puis, dans les toilettes de ce même café, je lis des graffitis féministes comme ceux que j'ai pu écrire. *« Your pussy is beautiful »* (ta chatte est belle), est-il tracé par exemple au crayon à papier.

Mes amis m'entendront deviser sur combien Berlin m'a semblé être le point de rendez-vous de tous les trentenaires d'Europe un peu fauchés, un peu perdus, mais aussi un peu créatifs, un peu en quête de sens comme moi. On trouve toujours des prétextes pour maquiller ses impulsions. C'est ce qui a illustré ma rencontre avec la ville : un café avec un feu de cheminée, un chien et des graffitis provoc. J'oublie l'essentiel. Au fond de moi, une certitude : je ne trouverai plus l'amour à Paris.

Je dégote une chambre à 500 euros sous les toits à Neukölln. Mon installation est dure. Les premiers mois sont chaotiques. Je passe un peu trop de temps dans les clubs technos de la ville et rentre au petit matin, mi-figue mi-raisin. « Y a pas autre chose dans la vie ? C'est que ça ? » Je m'interroge. La semaine, je me concentre sur mon travail.

*

J'ai rendez-vous ce jour avec Thorsten Peetz, un sociologue allemand de l'université de Bremen. Il est spécialiste du concept de « société d'évaluation » et des applications de dating. Nous devrions bien nous entendre.

Le restaurant n'est pas loin de chez moi, je m'y rends à pied. Je remonte une avenue sous la pluie, sous un ciel bas et gris. Je passe tous les matins environ cinq minutes à tenter de lisser ma frange à l'aide d'un fer Babyliss et mon degré d'assurance est très largement proportionnel au taux de lissage de mes cheveux. Du coup, je ne suis pas une grande fan de la pluie. Le restaurant se trouve dans un vaste hall, il faut commander à l'entrée à une sorte de guichet, et choisir entre deux formules du jour. Sur le comptoir, deux plats témoins. Je n'arrive pas à savoir s'il s'agit d'aliments réels ou de jouets, mais je n'ose pas toucher. Je m'assieds en face du sociologue.

Lui s'intéresse particulièrement au swipe : qu'est-ce qui nous décide à swiper à gauche ou à droite sur le profil de quelqu'un ? J'adore le fait qu'il existe « un sociologue du swipe ». « En quelques secondes, se joue une partition très complexe, gorgée d'enjeux sociologiques. Les travaux effectués montrent que les utilisateurs se construisent une fiction sur les potentiels partenaires qu'ils trouveront sur l'application. Ces anticipations les poussent à se présenter d'une façon ou d'une autre. Face à un profil, avant de swiper, ils anticipent également si eux-mêmes pourront plaire à la personne ou quelle opinion l'autre personne aura d'elle », explique-t-il.

L'attirance ne serait-elle rien d'autre que l'anticipation d'une validation ? Cette idée me touche. M'émeut presque. Je nous visualise tous, à swiper frénétiquement, dans une démarche prétendument consumériste ou clamant le désir d'une satisfaction purement et simplement sexuelle. En quête, en réalité, d'un regard qui valide. C'est comme ça que Tinder nous tient. Par notre besoin viscéral de validation. J'écris *« swipe right on yourself »* sur les murs, mais je le sais bien, jamais mon seul amour-propre ne me suffira. J'aurai toujours besoin d'un regard autre qui me prouve que j'existe. L'application se joue des techniques de gaming, des astuces de casino pour nous maintenir en haleine, décharges de dopamine délivrées au moment opportun, mais elle vient appuyer sur ce même bouton pour tout le monde. Je me confie à Thorsten : je n'écris pas seulement sur l'algorithme de Tinder, je cherche aussi à connaître ma note de désirabilité, et ce concept me révolte.

Il ne semble pas partager mon indignation. Autant je m'attendais à me faire envoyer bouler par les geeks de la Silicon Valley, autant je pensais que du côté des sciences humaines on prendrait plutôt mon parti. Je m'étonne donc de devoir lui expliquer pourquoi je suis révoltée. Comment est-il possible que quelqu'un pense connaître ma valeur en mettant bout à bout une série de statistiques sur mon âge, mon niveau de revenu, ma taille, mon poids ? Qui peut oser me réduire à une série de chiffres ? Et que suis-je de plus que cette série de chiffres ? La quête de mon Elo Score est-elle finalement une quête existentielle, une quête de ce que les anciens appelaient l'âme, cette chose qu'aucun algorithme ne peut capturer ? Devrais-je parler de mon sujet avec un prêtre, un moine bouddhiste ? Je m'égare dans mon monologue intérieur en mangeant mes pâtes qui baignent dans la sauce façon soupe aux vermicelles.

« Certains, comme l'intellectuelle Eva Illouz, argumentent que les applications de dating conduisent à une marchandisation des rencontres et de l'intime, poursuit Thorsten. Je ne suis pas d'accord. Aucun échange financier ne s'y produit. Il s'agit pour moi d'une autonomisation. »

De retour chez moi, je fais des recherches sur Eva Illouz. Je ne suis pas sociologue, mais il me semble bien, à moi aussi, que Tinder conduit à une marchandisation des rencontres. J'achète son livre, *Pourquoi l'amour fait mal*[1].

Elle y explique que nos cœurs brisés ne le sont pas

---

1. Seuil, 2012.

uniquement de notre fait. Notre société capitaliste a fait de l'amour un marché avec des gagnants et des perdants. Avant Karl Marx, on pensait aussi, par exemple, que la pauvreté était la conséquence d'une basse moralité, et non le fruit d'une organisation sociale injuste. Alors ma galère sentimentale sans fin n'est pas forcément que de ma faute ? Selon elle, les sites et applications de rencontre ont créé un marché de la transaction intime. Les utilisateurs sont en compétition les uns avec les autres pour obtenir des rendez-vous et se transforment eux-mêmes en marchandises. Les femmes hétérosexuelles en quête d'une relation sont les agents occupant la position la plus faible sur le marché, explique-t-elle.

Interrogée par le *Guardian* sur son livre[1], la sociologue explique : « Les hommes utilisent leurs prouesses sexuelles ou leur nombre de partenaires pour se sentir validés. Les femmes, elles, veulent être aimées. Ces dernières sont alors plus dépendantes des hommes, elles demandent de l'exclusivité quand les hommes veulent de la quantité. »

Je prie de tout mon cœur pour qu'elle se trompe. L'état de faits qu'elle décrit me désespère. Et surtout, je ne veux pas croire que je suis dans la position la plus faible du marché, tout en bas de l'échelle. Non, non, je refuse ! Les hommes ne chercheraient-ils QUE de la quantité ? Et les femmes ne seraient-elles JAMAIS attirées, elles aussi, par l'enchaînement des

---

1. *Love hurts more than ever before (blame the Internet and capitalism)* [en ligne], TheGuardian.com, 12 février 2012.

conquêtes ? En fait, c'est un miracle l'amour, c'est un miracle que les gens continuent à s'aimer. Un miracle que parfois l'on se comprenne. Qu'on arrive à se frayer un chemin entre ces bombardements d'injonctions contradictoires, ces incitations à se duper, à chercher à extraire sa petite valeur à soi dans ce que l'autre peut offrir, dans ce brouhaha de tout ce qu'on ne se dit pas quand on se parle, dans ce putain de jeu de billard à trois bandes entre ce que l'on veut croire, ce qu'on croit que l'autre croit et ce qu'on pense devoir faire croire. Un miracle que dans toute cette tempête il y ait quand même, parfois, un signal, un bout de sincérité qui passe.

*

Après un apéro avec de nouveaux amis free-lance berlinois, j'ai un coup de blues. Je ne les connais pas encore assez pour partager avec eux mon vague à l'âme. Je me sens seule. En me lavant les dents, je me fixe dans le miroir puis jette un œil à mon téléphone. Je me laisse glisser contre le mur de ma salle de bains, toujours la brosse à dents à la main.

Je fais défiler machinalement les applis, je m'arrête sur l'icône de la petite flamme rouge entourée de blanc, une fois encore. « Ils sont tous là, me murmure l'icône, tous les autres, ils sont là, ils n'attendent que toi, personne, personne n'est irremplaçable Judith, ni Mirage, ni Husky, ils sont dix, ils sont cent, ils n'attendent que toi. » Depuis que je vis ici, je me suis connectée quasiment tous les jours.

J'ai échangé avec quelques personnes, mais n'ai pas fait de *date*.

J'ouvre l'application et je like, tous les profils, les uns après les autres. Puisque je suis la seule conne à tomber amoureuse sur Tinder, puisque je suis la dernière sur l'échelle du *love*, puisque je suis du plancton, puisqu'il n'y a que ça qui marche, je vais leur en donner du cul, puisque je suis la dernière débile de ma génération à rêver d'amour, je vais leur montrer ce que je peux faire, je vais gang-banger Paris et Berlin, à moi toute seule, je vais les épuiser à leur propre jeu ! Fallait pas me provoquer ! Je copie-colle les mêmes phrases à mes 45 nouveaux *matchs*, tu vois, 45 *matchs* en cinq minutes, c'est que t'es peut-être pas si moche, tu vois, je me susurre, et je me méprise encore plus d'y trouver une forme de réconfort.

Certains m'ont déjà écrit. « Qu'est-ce que tu fais de beau par ici ? » demande l'un. « Hello », dit un autre. *« English ? My French is very bad ! »* Sur une de mes photos j'apparais en train de cuisiner, et quelques minutes plus tard deux autres me demanderont « qu'est-ce que tu nous cuisines de bon ? », mot pour mot la même phrase. La répétition de cette accroche m'exaspère. Bien sûr, bien sûr, il faut voir ici une tentative, un essai pour amorcer un dialogue, pour se démarquer. Mais elle me renvoie à ma propre insignifiance : combien de fois me suis-je crue différente quand une autre femme faisait mot pour mot la même blague que moi ? Combien de fois me suis-je crue unique quand je ne l'étais pas ?

Combien de phrases copiées-collées ai-je cru m'être directement adressées ?

« C'est bon, fini d'être la seule gamine romantique de Tinder », j'énonce à haute voix. J'en choisis un au hasard et je lui balance ma sauce, j'appuie sur l'écran de mon téléphone avec rage, mes mains contractées, j'ai presque mal à la tête à force de froncer les sourcils.

« Je sors d'une longue relation », je prends la peine de préciser pour habiller la proposition indécente que je m'apprête à formuler, parce que j'ai bien compris les codes de mon époque, je sais bien qu'en tant que femme il nous faut toujours trouver un prétexte pour avoir envie de baiser. « Je cherche à faire des nouvelles expériences, réaliser mes fantasmes… Toi qu'est-ce que tu cherches ? » « Hahaha, ah oui t'es plutôt directe toi… Mais j'aime bien ! », il me répond. « Quels fantasmes ? J'adore les filles aventurières comme toi », me réplique un deuxième à qui je propose le même scénario. « Moi aussi, je ne veux rien de sérieux », un troisième. « Je cherche justement un plan cul pour ce week-end, t'es dispo », m'interroge un autre.

« C'est si facile », je réalise, entre fascination et dégoût. « Il n'y a qu'à se baisser pour ramasser, ces mecs feraient n'importe quoi pour coucher », je me formule, en continuant à les chauffer. Elle a raison Eva Illouz, les mecs coucheraient avec la première fille qui passe.

« Dis-moi ce que tu voudrais me faire », j'intime, à une, deux, trois personnes. « Tu as réussi à m'exciter en moins de cinq minutes, bravo ! » ; « je voudrais débarquer chez toi et que tu découvres tout de moi, tout d'un coup, mon visage, mon corps, le son de ma voix et ma queue que tu mettrais direct dans ta bouche » ; « je ferai tout ce que tu me demandes pour te faire jouir, je veux te faire jouir des nuits entières ».

Je me souviens de toutes les réponses, mais je ne sais plus qui a écrit quoi, je ne l'ai jamais su. Les profils des uns et des autres se mélangent dans une masse informe, une silhouette d'homme qui n'en est pas un. Ça ne s'est pas passé si vite, il y a eu des moments d'attente où je fixais mon écran, mais je me souviens d'être restée dans le même état émotionnel, galvanisée, excitée par mon minuscule pouvoir, par ma part d'ombre, par mon ego, tout en renonçant à toute nuance, à toute ambivalence, à toute sincérité.

Je demande « est-ce que tu bandes pour moi ? » et j'imagine ces sexes dressés simultanément, cette image me satisfait autant qu'elle me désespère. Je cesse alors de répondre, oh, et c'est là que je prends le plus mon pied. J'adore, j'adore les regarder essayer de me relancer, c'est là que je me sens la plus puissante. L'un glisse : « Tu as dû t'endormir coquinette, écris-moi ! » Un autre s'impatiente : « T'as disparu ? J'ai du mal à te suivre. » Un autre me fait sourire : « C'était bien trop beau pour être vrai ! »

Combien de temps s'est-il écoulé ? Une heure peut-être ? Je me lève, reprends ma brosse à dents électrique que j'allume et applique du côté lisse, sous ma jupe, contre mon clitoris. Je me fixe, essoufflée.

Je me sens dégoûtée, excitée, réconfortée de les avoir laissé en plan ces mecs, je suis réconfortée par cette perspective minime, de ne plus être la seule à attendre un message qui ne viendra pas. Je bouge légèrement la brosse à dents en cercle et je sens ma peau chauffer, à imaginer ces hommes prendre leur téléphone, regarder s'il y a une réponse, le reposer. Je visualise cette scène encore et encore, totale projection de mes craintes, de mon attente, de ma détresse, mais comme il est doux de me le répéter, ils attendent, ils attendent eux aussi comme des cons, tu n'es plus la seule à vouloir quelque chose, qui ne viendra pas, qui ne viendra plus, qui ne viendra sans doute plus jamais.

Le soupir de mon plaisir est chargé du poids de toute mon aigreur, de toute ma détresse, enroulé autour de ma solitude. Mon ego artificiellement bouffi par l'attention de ces mecs ne peut évidemment rien pour moi, et mon orgasme tragique m'envoie plus bas que terre.

CHAPITRE 9

Je_voudrais_que_quelqu_un_m_ecrive

Laurie Braddock, du service juridique de Match Group (l'entreprise qui détient Tinder), m'a écrit.

> Veuillez trouver en pièce jointe une lettre en réponse à votre requête, ainsi que vos données personnelles. Un mot de passe nécessaire pour ouvrir le document vous sera communiqué dans un autre courriel.

Mon cœur s'accélère. Je n'ose pas ouvrir les pièces jointes. Je transfère illico le mail à Paul-Olivier Dehaye. « Génial Judith ! », me répond-il. Je me lève, quitte mon bureau, machinalement me rends dans la cuisine. Giulia[1], ma coloc, n'a pas fait sa vaisselle. Je m'y attaque, mets la bouilloire en route, me prépare un café. Retourne à mon bureau, prends une grande inspiration. J'ouvre la première lettre de Tinder.

1. Le prénom a été modifié.

Chère Mme Duportail,

Nous écrivons en réponse à votre courrier du 2 mai 2017 et à la requête que vous avez effectuée auprès de nous. Maintenant que nous avons vérifié votre identité, voici une copie des données personnelles associées à votre compte Tinder. Merci de noter que nous avons censuré les informations concernant de tierces personnes. En réponse à votre question sur le "ci-nommé score de désirabilité Elo", merci de noter que nous ne partageons aucune information déposée en lien avec le fonctionnement de notre système de rencontre.

Bon, je me doutais qu'ils n'allaient pas lâcher ma note comme ça. Qu'est-ce qu'il peut y avoir de si secret dans ce « système de rencontre » pour que Tinder le protège à ce point ?

J'ouvre fébrile le deuxième fichier, tape le mot de passe. Le chargement dure plusieurs minutes. Que vais-je découvrir ? Qu'est-ce que Tinder sait de moi que j'ignore ? Je suis dans un état émotionnel étrange, entre l'impression d'avoir passé un test psychologique extrêmement sophistiqué et d'en recevoir les conclusions, et celle de consulter les résultats d'un examen. J'oscille entre excitation et appréhension. Je fais mine de ne pas scruter le moulinet de mon curseur, j'applique ma technique habituelle, comme quand je feins de ne pas voir les messages auxquels je ne veux pas répondre.

Le PDF se charge enfin. Il s'appelle *« Archives*

Judith Duportail – Cryptées». Son nom m'évoque davantage la Stasi qu'une application de rencontre. Je m'arrête sur la première page. 1/802, m'indique le document. 802 pages ? 802 pages d'archives de Judith Duportail ? La collecte de données personnelles n'a rien de virtuel ou d'abstrait. Ce sont des centaines et des centaines de pages d'informations sur nous qui sont stockées par Tinder. Je jette un œil à mon téléphone et suis prise de vertige. J'ai bien une vingtaine d'applications dessus : le suivi de mes règles, ma banque, la méditation, les jeux… Ont-elles toutes 800 pages sur moi ? Et Facebook, combien de milliers ? Mon téléphone m'apparaît comme n'étant plus qu'un immense mouchard. Si toutes ces informations collectées sur moi avaient une matérialité physique, je ne pourrais plus le soulever !

Le document est rédigé ni complètement dans un langage informatique, ni tout à fait dans un langage normal. Nous exprimerons-nous bientôt tous comme ça ? Si c'est le cas, il va bien falloir trouver une façon de décrire cette novlangue. Il commence comme ça :

active_time: 2017-05-17T16:49:58.712Z

L'heure précise de ma dernière connexion enregistrée par le serveur. Le 17 mai 2017 à 16 h 49, 58 secondes et 712 centièmes. Il se poursuit ainsi :

age_filter_max: 39
age_filter_min: 29

Les limites d'âge que j'ai appliquées à mes recherches.

birth_date: 1986-03-02T00:00:00.000Z

Ma date de naissance. Mais Tinder ne connaît pas l'heure à laquelle je suis née, il indique donc des zéros. En revanche, pour désigner mon niveau d'études, on retrouve de vrais mots.

education: Has high school and/or college education

Pourquoi ? Qui a écrit ce document ? Une vraie personne ou un programme ? Les deux ? Une vraie personne a-t-elle seulement relu l'ensemble ? Je grimace en imaginant les employés de Tinder en train de collecter mes données et de se moquer de moi. Pourtant, c'est moi qui leur ai tout livré sur un plateau d'argent. Un livre ouvert. Quand eux précisent bien que toutes ces informations peuvent fuiter à tout instant. Écrit noir sur blanc dans les *Privacy policies* : « Nous ne promettons pas, et vous ne devez pas vous attendre à ce que vos informations personnelles soient toujours sécurisées. »

La première page décrit qui je suis pour eux. Mon adresse mail, mon compte Facebook. La date de création de mon compte, le 12 décembre 2013. Là où j'ai étudié.

schools
name: Sciences Po
type: graduate school
name: La Sorbonne
type: College

Là où je travaille et où je travaillais avant.

jobs
company
name : Les Journalopes
title : cofondatrice
company
Le Figaro

Puis sur une dizaine de pages, les liens menant à toutes mes photos Instagram, car j'ai associé mes deux comptes.

Sous le vocable « interests », ensuite, l'intégralité des pages Facebook que j'ai likées. « interests » s'écrit comme ça, sans I capital, sans deux points ensuite, il n'y a plus de règles typographiques dans l'univers des data. Mais en réalité je me trompe, bien sûr qu'il y a des règles, ces *underscore* entre_les_mots par exemple ne sont pas là par hasard, ce document a été rédigé dans un langage que je ne connais pas. C'est moi l'illettrée qui ne comprends pas la langue du nouveau pouvoir, je réalise alors combien il est facile de se jouer de moi et de mes données, puisque de toute façon, même si j'avais un accès total aux serveurs de Tinder, je ne pourrais même pas lire la langue qui les exploite. Je me jure d'apprendre à coder à la fin de cette expérience, je me fais l'effet d'être une Mésopotamienne qui aurait refusé d'apprendre à lire au moment de l'invention de l'écriture. Ou un cheval au moment de l'invention de la voiture !

Ça n'a l'air de rien de lister l'intégralité de mes likes Facebook. Ce sont pourtant les informations à partir desquelles il est si facile de savoir qui je suis, d'où je viens, quel sera mon comportement dans le futur.

Le premier à avoir exploré ces questions est Michal Kosinski, professeur à l'université de Standford, auteur d'études sur le ciblage psychologique. En 2015, il rédige un article scientifique expliquant comment une intelligence artificielle peut déduire la personnalité de quelqu'un et son comportement à partir de ses traces numériques[1], mieux que n'importe quel humain le fera. Selon ses recherches, il est possible, à partir d'un minimum de 68 likes d'un internaute, de prédire sa couleur de peau (à 95 %), son orientation sexuelle (88 %), ses convictions politiques (85 %) et même de déterminer si les parents de l'utilisateur sont divorcés ou non.

« Le fait que les ordinateurs surpassent les humains dans le jugement et la prédiction de personnalités humaines présente de sérieux challenges tout comme d'immenses opportunités dans le domaine

1. *Computer-based personality judgments are more accurate than those made by humans*, PNAS, janvier 2015.

de la psychologie, du marketing et de la vie privée », écrit le chercheur dans l'article.

L'université de Cambridge a également développé une intelligence artificielle pour analyser notre profil psychologique à partir de nos likes Facebook. Le programme s'intitule « *Apply Magic Sauce* ». On peut en tester une version gratuite sur leur site. Cela permet de se donner une idée de ce qu'on révèle réellement de soi, en *likant* la page Dragibus ou Nescafé. J'ai fait le test sur moi pour voir. J'y apprends par exemple que je vais « fort probablement voter à gauche » aux prochaines élections parce que j'ai liké les pages du *New York Times*, d'Urban Outfitters et d'Arianna Huffington et que, statistiquement parlant, les personnes ayant liké ces combinaisons de pages votent à gauche. Ce sont de ces techniques que se sont inspirées les équipes de Cambridge Analytica pour cibler les électeurs potentiels de Trump sur Facebook avec un message ciblé sur mesure.

Le document me présente ensuite la liste intégrale de mes 870 *matchs*. Ou plutôt, les 870 *matchs* qui m'ont écrit ou à qui j'ai écrit. 870 personnes. Si on m'avait demandé, à la louche, j'aurais estimé avoir échangé avec une cinquantaine de personnes en tout sur Tinder. Comment ai-je pu en oublier autant ? Les conversations sont listées les unes après les autres, numérotées, sans référence au pseudo ou à la photo de l'utilisateur. Beaucoup moins ludique que sur l'appli.

Je lis la première, enfin la n° 870. J'appréhende et j'ai raison. Quelques mots à peine et je ressens immédiatement ce mélange d'humiliation et de colère que font naître les forceurs, ces mecs qui n'en ont rien à foutre de ce que tu penses, ne cherchent même pas à te séduire, prennent pour acquis que toutes les meufs doivent répondre à leurs messages pourris écrits avec plein de fautes, qui te considèrent d'emblée comme leur servante, râlent si tu n'es pas « gentille », si tu ne débarques pas chez eux à l'instant où ils te sonnent pour les laisser se vider en toi, et insisteront jusqu'à ce qu'ils se fatiguent de t'insulter. Selon un rapport de l'ONU[1] publié en 2015, nous sommes 73 % des femmes à avoir déjà été insultées ou harcelées en ligne. 73 %. Je vous retranscris le début des messages de la même façon que Tinder l'a fait, pour vous donner une idée. La suite sera en langage « humain ».

To you
Coucou
Sent On: Sun, 07 May 2017 20:22:21 GMT
To you
Love ur insta!
Sent On: Sun, 07 May 2017 20:22:25 GMT
To you
U online Judith?
Sent On: Sun, 08 May 2017 15:11:57 GMT
To you

1. *Urgent action needed to combat online violence against women and girls, says new UN report* [en ligne], UnWomen .org, 24 septembre 2015.

Still awake[1] ?
Sent On: Sun, 08 May 2017 21:01:23 GMT

Quatre jours plus tard, il reprend :

Love ur insta dear! Follow back
Jaja ntz ntz ntz ntz
Fuck babe
I love to come!
I love to lick pussy
Right now orgasmus
In the long run: rekatiobship
Hmm, Babe come on, I'd ride u hard from behind,
Deep n warm
Why don't u invite me!
I'd spread ur wet pussy lips softly n put my warm tongue deep inside[2]

Je parcours les pages suivantes au hasard.

Match 847 : Tu as l'air d'avoir des gros seins, réponds moi !

---

1. J'adore ton Instagram ! / T'es en ligne, Judith ? / T'es réveillée ?

2. J'adore ton Instagram ma chérie, suis-moi aussi ! / haha clap clap clap / On baise babe / J'adore jouir / J'adore lécher des chattes / Tout de suite je veux un orgasme / À terme je cherche une relation / Uhm, allez babe, je pourrais te prendre par derrière, bien profond / Pourquoi tu m'invites pas ? / J'écarterais les lèvres de ta chatte humide et j'y plongerais ma langue.

Match 848 : De ce que je vois sur les photos, j'aime ton corps. Mais tu fais quelle taille ? Tu vas au sport souvent ?
Match 778 : Tu reçois souvent des dicks picks ?
Alors miss bavarde, tu fais quoi ce soir ?
Je me fais chier avec toi.

Peut-être est-ce pour cela que j'ai oublié une immense majorité de mes conversations sur Tinder. Pour ne pas me laisser atteindre. Prenez celle-ci.

Match 440 : Hello Judith ! J'aime beaucoup tes photos, qu'est-ce que tu nous prépares de bon ?
Hello, hello, tu réponds pas ?
Hey ! T'aimes pas parler ?
Booooorrrrrrriiiiiiiiiiiiinnnggggg
Salope de toutes façons t'es trop grosse ! ! Suce ma grosse queue !

L'immense majorité de mes *matchs* sont des conversations mort-nées, des « hey », « hello », « salut Judith ». Des dizaines, dizaines de fois la variante d'une petite blague sur ma bio, « 5 étoiles sur BlaBlaCar ».

Match 310 : C'est la première fois que je rencontre une personne 5 étoiles sur Blablacar... Mon émotion est grande...
Match 217 : Salut comment ça va ! Ce serait pour un covoiturage ! Non je déconne
Match 315 : 5 étoiles sur bla-car, pas mal !

Certains échanges me font sourire. Eux aussi, je les avais oubliés. Le Match 765 m'assure qu'on aurait pu avoir « la plus belle famille du monde ensemble ». Le Match 746 joue au démographe : « Savais-tu que vous étiez 1 800 Français à habiter à Berlin ? #FUNFACTS ». Pendant ce temps, le Match 628 ronge son frein :

— Salut Judith ? Tu es partie en France ?
— Oui ! Mais seulement pour deux semaines, après je reviens à Berlin. Tu crois que tu vas supporter l'attente ?
— Hahaha ! J'suis pas sûr !
— Tu peux regarder tes TedTalks pour te donner du courage.
— Oui, c'est ce que je vais faire ! Comment être patient comme un pro !

Oh, les *matchs* 611 et 610 commencent pareil. Je les aborde avec la même phrase : « C'est quand même bien la *lose* Tinder. » Et 609, 608, 607, 606, 605, 604, 603, 602, 601, 600, 599, 598, 597, 596, 595, aussi.

Je sais bien, pourtant, quelque part au fond de moi, je sais bien que je fais ça. C'est autre chose de le voir écrit noir sur blanc sur un fichier PDF, aucun design graphique ne vient arrondir les angles.

Je me souviens très bien de ce 1er janvier. Un gros mois après ma rupture avec Mirage, avant de m'installer à Berlin. J'espionne sa soirée sur Instagram, en regardant les comptes de ses amis et le sien. Je devrais être là-bas, je songe, avec lui, heureuse. Ma soirée n'est pas désagréable, mais évidemment, à minuit, j'ai mal au cœur de ne pas serrer fort mon mec dans les bras comme la brune à côté de moi. Mais surtout, je ne veux pas que ça se voie, je ne veux pas inspirer la pitié, surtout pas ! Pourquoi ai-je si honte d'être célibataire, et pourquoi ai-je si honte que ce ne soit pas tous les jours facile ? J'ai l'impression que je me sentirais moins piteuse si j'avais fraudé les impôts. « Est-ce que ça m'arrivera, à moi, aussi, à nouveau, un jour ? » je me demande en rentrant chez moi à 6 heures du matin.

La suite, vous la devinez. Dans un demi-sommeil, pendant que ma chambre s'emplit du gris des matins de janvier, je prends mon téléphone, et je swipe, je swipe, je swipe, et je parle à tout le monde, dans l'espoir d'alléger la morsure de ma solitude. « Je ne peux pas commencer l'année prochaine comme ça », je me jure. Par écrit, avec ceux qui me répondent déjà, je joue un tout autre jeu, je me montre dynamique, positive, « je viens de rentrer, j'ai dansé toute la nuit ! ! Un bon plat de spaghetti et au lit ! ! ». Match 603 me dit qu'il se sent triste d'être sur Tinder comme ça, un 1er janvier. Oh ? Il n'habite pas à Paris, il est là pour le nouvel an.

J'échange sur près de 12 pages avec Match 603, je lui dis que « j'adore sa barbe », que « ah, il n'a jamais eu de *date* Tinder ? Je peux lui apprendre alors ! », lui assure que pour « moi aussi, ce n'est pas souvent que j'ai des conversations sympas sur Tinder », avant de le laisser s'éteindre en relances. Nonchalante cruauté. Je sais que, dans ces moments-là, je veux juste que mon téléphone affiche des notifications. Je me souviens quand j'étais ado du poétique titre d'un livre d'Anna Gavalda, *Je voudrais que quelqu'un m'attende quelque part*. Eh bien je pourrais la plagier pour donner un titre à mes 800 pages. Plutôt qu'*Archives de Judith Duportail – Cryptées*, ce serait *Je voudrais que quelqu'un m'écrive*. Ou plutôt *je_voudrais_que_quelqu'un_m_ecrive*. Et je n'ai pas fait ça qu'avec Match 603, mais avec des dizaines d'autres.

Petit à petit, la réalité se dessine sous mes yeux. Je lis les pages et les pages de conversation et je me formule, comme si je parlais de quelqu'un d'autre, sans doute parce que c'est trop dur : « Cette fille est complètement folle, complètement accro à Tinder. » Mon premier sentiment est celui d'une grande honte. Je suis complètement folle, j'énonce alors, mais à voix haute, cette fois-ci. Je suis une addict. J'ai un besoin pathologique de réassurance, constant, insatiable, et je me suis servie de dizaines, de centaines de fois de Tinder pour tenter de remplir ce vide. Mais le seau est percé, et me voilà, là, trois ans après l'installation de l'application, à me sentir de plus en plus vide et à contempler l'étendue de mes névroses.

Je suis complètement, complètement folle. Je me lis faisant pour la dixième fois la même blague, en train d'expliquer que je suis sur Tinder parce que je suis une tueuse en série en mission pour une enquête spéciale ! Comment ai-je pu oublier tous ces gens ? Quelles autres dingueries ai-je commises au cours de mon existence dont je n'ai aucun souvenir ? Et ces mecs qui m'insultent, ont-ils eux aussi oublié, sont-ils persuadés d'avoir un comportement exemplaire, tout simplement parce qu'ils refoulent leur *dark side* ? Est-ce qu'Internet est devenu pour nous tous l'exutoire de nos folies ?

Quelques jours plus tard, j'échange avec le sociologue de l'université de New York, Eric Klinenberg, sur le contenu de mes 800 pages. L'intellectuel est spécialiste du célibat et des nouvelles formes de relations. Il s'est rendu célèbre en 2012 avec son livre *Going Solo*. En 2015, il coécrit avec le comédien et scénariste Aziz Ansari *Modern Romance : an Investigation*[1]. L'ouvrage tente de mesurer l'ampleur des bouleversements apportés par la technologie dans nos rapports amoureux.

« Je suis étonnée car je me comporte bien plus mal que ce que je croyais », j'explique sur Skype au sociologue. « Ça ne me surprend pas du tout, me répond-il. Internet est de plus en plus un exutoire où chacun vient se défouler sur les autres. » Je ne vaux guère mieux que Match 847 ou 848. Quelle étrange expérience d'accéder à ce degré d'introspection grâce un outil de surveillance. Comme si la NSA ouvrait ses archives à des fins thérapeutiques.

Le constat est amer, tranchant, il m'assomme presque, comme un uppercut. Je me sens aussi libérée. Je ne peux plus me raconter d'histoires. J'ai

1. Penguin Group, 2015.

un problème. Un besoin pathologique de me prouver que je peux plaire. Et une impossibilité à aller au-delà, à créer des liens. Je recommence sans cesse la même non-histoire.

Je n'ai pas les moyens de me payer une thérapie classique. Alors je me retrousse les manches. Dans les semaines suivantes, je passe tout mon temps libre à lire des textes sur les addictions et je trouve les mots pour qualifier « ma folie ». Je découvre la théorie de l'attachement du psychiatre et psychanalyste britannique John Bowlby. Il existe selon lui quatre grands types d'attachement : sécure, anxieux, ambivalent, évitant. Les personnes souffrant d'un trouble anxieux de l'attachement ont, comme moi, un besoin permanent d'être rassurées et précipitent leurs histoires vers la fin à force de la craindre.

De mon côté, j'ai un attachement tellement anxieux que je me montre du coup évitante aussi (c'est ça qu'on appelle alors ambivalent) : en collectionnant les débuts d'histoire, en accumulant les prétendants potentiels, j'évite de créer un lien réel et de me montrer sous mon vrai jour de grande angoissée. Toutes les révélations sur moi-même que je raconte ici ont pris plusieurs semaines à infuser et les mots à prendre tout leur sens. Je me rends à tous les groupes de parole sur l'amour, le dating et le développement personnel que je trouve à Berlin. Ici, c'est très facile, il y en a au moins un par jour, même en anglais, gratuit ou très peu cher. Je me connecte sur Meetup, un réseau social fait pour que se rencontrent les personnes avec les mêmes centres d'intérêt, et scrute tous les ateliers susceptibles de m'intéresser. À Paris, je n'aurais jamais osé faire ça, mes potes se seraient bien trop moqués de moi.

La moitié des réunions m'exaspèrent à être tenues par des charlatans experts en chakra, un bon tiers me fatiguent parce que personne ne s'écoute parler et certains font semblant de se rendre à des groupes de parole pour se valoriser. Quelques-unes m'enchantent et m'éclairent, et je trouve dans les expériences des autres les mots qui me manquaient pour me comprendre.

Je découvre aussi le concept de dépendance affective. Ça me fait mal de m'y reconnaître. Mon ego en prend un coup. Le terme m'évoque une sous-Bridget Jones mal fagotée, une folle à chat, la tata cinglée qui boit trop et met tout le monde mal à l'aise dans les mariages, enfin tous les stéréotypes horribles qu'on collectionne sur les femmes célibataires. Et puis, merde ! Judith, elle est sympa Bridget Jones, elle met des minijupes, boit de la vodka, court après l'homme qu'elle aime en culotte sous la neige, pourquoi ce serait la honte de lui ressembler. Pourquoi ?

Mais quand je lis la définition donnée par la psychologue Sylvie Tenenbaum dans *Vaincre la dépendance affective*[1], je ne peux plus me mentir :

1. *Vaincre la dépendance affective. Pour ne plus vivre uniquement dans le regard des autres*, Albin Michel, 2010, Sylvie Tenenbaum.

Même si l'équilibre psychoaffectif de tous les êtres humains a besoin de nourritures affectives, ce besoin ne dénote pas nécessairement une dépendance pathologique. Celle-ci n'existe que chez les individus affectivement carencés dont les conduites et les dysfonctionnements ne font malheureusement qu'aggraver la problématique. La dépendance affective pathologique représente en effet une "tentative infructueuse de maîtriser la culpabilité, la dépression ou l'angoisse", ce qui est le trait commun des toxicomanies. Elles trouvent toutes leur origine dans cette dépendance-là, affective, dont elles ne sont que les symptômes. Proust évoquait à juste titre "l'amour-drogue"… Se noyer dans la quête désespérée d'amour en devenant étranger à soi-même correspond au même processus que se noyer dans les drogues qui modifient les états de conscience : l'alcool et toutes les autres.

Ainsi, la dépendance affective pathologique – et son cortège de dépression, d'angoisse, de sentiment d'échec – est à la base de toutes les autres addictions et l'individu ainsi drogué devient l'esclave de ce qu'il consomme […]. "Si je suis suffisamment généreux, utile, aidant, disponible, à l'écoute, je serai aimé" : telle est la conviction profonde du dépendant affectif pathologique. C'est l'autre qui lui fera savoir qu'il est quelqu'un de "bien", d'aimable, au sens premier du terme : digne d'amour.

Oh. Je me revois m'interroger. « Si j'avais un meilleur Elo Score, serais-je digne d'amour ? » Je me revois aussi pendant ma relation de quasi cinq ans avec mon ex. Je n'avais jamais cessé d'avoir peur de provoquer son désamour. Notre rupture a été un quasi-soulagement : je n'avais enfin plus rien à perdre.

Je me reconnais également dans la définition du dépendant affectif de Geneviève Krebs[1] :

> Une personne dépendante affective vit dans un sentiment de manque et de vide intérieur qui l'angoisse en permanence. Le degré de sa dépendance est relatif à sa capacité à gérer la solitude [...]. Se remplir de sensation d'amour, d'attention, de présence, ou de nourriture, d'alcool, de sexe, de cigarettes, de drogue, de sport à outrance, d'achats compulsifs, etc., sont des comportements qui se rejoignent. Tout est bon pourvu qu'à ce moment de panique généré par le sentiment de vide et de manque, l'autre (l'extérieur) vienne stopper l'angoisse en rassurant, en donnant, en remplissant et en prouvant.

Ouch. Je regarde toute ma vie sous un jour différent. Toutes mes obsessions passagères, comme celle du Club Med Gym. J'ai toujours une passion en cours. Le clubbing ou le yoga. La littérature russe ou mon nouveau régime végétarien. Ma bio sur Instagram, c'est « *binge-living* », expression

1. *Dépendance affective. Six étapes pour se prendre en mains et agir*, Geneviève Krebs, Eyrolles, 2018.

dérivée du «*binge-drinking*». L'élan qui me pousse à arpenter toutes les soirées de Paris ou d'ailleurs, à toujours me coucher la dernière le week-end, à entraîner les collègues et amis jusqu'au bout de la nuit «mais enfin, on ne va pas se quitter comme ça?». «D'où vient ton énergie», m'a-t-on souvent demandé, et j'étais ravie que ma soif soit perçue comme de l'énergie, une chose positive, car moi j'ai parfois l'impression de traverser la vie comme tirée par un gros chien en laisse qui me bringuebale derrière lui, habitée par un cri sourd, me répétant qu'il pourrait se passer quelque chose de fou, et qu'il ne faut pas que je le manque, ou même qu'il faut que je le crée, pour être digne d'attention, et la déception, qui arrive dans un deuxième temps, accompagnée d'une haine diffuse de moi-même et d'un face-à-face cruel avec le vide qui m'habite et qui n'a pas bougé d'un iota.

Je suis bien loin d'être la seule concernée. Selon John Bowlby, la moitié des adultes dans le monde occidental souffrent d'un trouble de l'attachement plus ou moins prononcé. Certains arriveront à bien vivre avec, ou n'en seront pas trop handicapés. Car attention, toute relation sentimentale à un autre, tout attachement, induit une forme de dépendance. On dit bien à ses amis: «je peux compter sur toi» ou «je suis là pour toi», ce qui signifie qu'on a besoin les uns des autres, qu'on se félicite d'honorer cette interdépendance. Une dépendance consentie, cadrée.

Dans le cas des dépendants affectifs, le regard de l'autre prend trop de place, trop d'importance. Car ils cherchent à l'extérieur d'eux-mêmes comment soigner leur blessure initiale. Pas besoin d'être un grand rescapé de l'existence pour avoir des failles affectives. Il suffit qu'un traumatisme vienne gripper le mécanisme de la construction de soi. Traumatisme est un mot qui fait peur, on imagine des incendies ou des enlèvements. Mais souvenons-nous de comment nous voyions le monde avec nos yeux d'enfants. Un événement anodin peut prendre l'allure d'un incendie ou d'un enlèvement, et entraîner toutes sortes de conséquences.

Je crois savoir d'où vient la mienne, de faille affective. Ou du moins j'ai une nette intuition de comment tout a commencé. J'ai 6 ans et j'angoisse. Je ne suis plus sûre de pourquoi j'angoisse. Un mélange. Je rentre en CP, ça m'inquiète. Je passe une partie de mes vacances chez mes grands-parents, ça me paraît une éternité. Je me demande, sans y croire, mais quand même un peu apeurée, si mes parents m'ont abandonnée là. Si ça se trouve, j'y suis restée deux jours, je n'en sais rien. Mes souvenirs sont flous et ce sont peut-être en partie des reconstructions.

Quand mon grand-père m'apprend ce que veut dire SDF, je lui réponds que moi je suis une TTS, une Toujours Toute Seule. Je ne sais pas si j'étais vraiment toujours toute seule, en vérité je ne le crois pas. Mais chaussons mes lunettes de gamine apeurée.

Je calme mon angoisse en mangeant des chocolats Kinder. Les bâtonnets, ceux qui sont emballés individuellement avec la photo de l'enfant blond qui sourit sur le paquet. J'en mange plein, plein, plein, je n'arrête que quand il n'y en a plus. Il me faut tous les manger. Je prends du poids. Beaucoup, très vite. Évidemment, ça complique mon entrée en CP, je suis la risée d'une bande de petites pestes. Je me console encore plus sur les Kinder. Je me sens mal, mes parents veulent m'aider. On consulte un nutritionniste.

Je me souviens d'une consultation en particulier. Je suis un peu plus âgée, je crois, 7 ou 8 ans. J'ai continué de grossir depuis. C'est un mercredi matin, il n'y a pas école. Je panique, je n'ai plus de culottes propres dans mon tiroir et devant le médecin, il faut se déshabiller ! J'en attrape une qui était encore en train de sécher sur le tancarville. Elle est humide. Je suis horrifiée à l'idée qu'on pense que je me suis fait pipi dessus. Est-ce que ça se voit ? Je ne pense qu'à ça en marchant dans la rue jusqu'au rendez-vous. Moi, avant, je n'avais pas conscience d'être grosse. Je sentais juste mon corps comme un corps. Mon apparence n'existait pas pour moi avant qu'elle soit un problème. Maintenant j'ai toujours peur d'avoir plein d'autres tares dont je ne me rends pas compte. Vu que je ne savais pas que j'étais grosse, quel autre truc honteux est-ce que je porte sans le savoir ? Est-ce que je sens mauvais ? Est-ce que j'ai l'air de m'être fait pipi dessus ?

Dans mes souvenirs, je suis seule avec le

nutritionniste dans le cabinet médical. Ma mère devait patienter dans la salle d'attente.

Il consulte mon carnet de santé. Cherche la page indiquant ma courbe de taille et de poids. Jusqu'à mes six ans, les petites croix étaient pile dans la moyenne, entre les lignes roses. Depuis, je ne fais que grossir, et m'éloigner de la belle courbe. À la visite médicale de l'école, l'infirmière m'a demandé : « Au goûter, tu manges du pain avec du beurre ou du beurre avec du pain ? » Je déteste le beurre. Je ne comprends pas pourquoi elle me demande ça. Pour moi, les aliments n'ont pas encore de valeur morale en fonction de leur apport calorique.

Le médecin regarde ma courbe qui n'en finit pas de dévier de la normale.

« Qu'est-ce qu'il s'est passé ma petite demoiselle pour que tu te mettes à t'empiffrer autant ? »

Je ne sais pas quoi répondre. Il me demande de me déshabiller pour me peser. Je suis en culotte donc. J'ai peur qu'il croie que je me suis fait pipi dessus. J'ai encore grossi. Il soupire en regardant les chiffres et inscrit les petites croix sur mon carnet de santé.

— Tu manges des légumes chez toi ?

— Heu oui…

— Quels légumes ?

— Heu, bah, je sais pas… Des poêlées forestières par exemple !

— Ah, des surgelés ?

— Heu, oui…

— Elle n'est pas très sérieuse ta maman ! Elle devrait te faire des bons légumes du marché.

— C'est mon papa qui cuisine, ma maman travaille tard…

— Ah, elle travaille tard ? C'est quoi son métier ?

Je sens sa désapprobation sans la comprendre.

— Elle écoute les gens qui ont des problèmes. La journée les gens travaillent, du coup, elle rentre tard… Mais elle cuisine le jeudi soir.

— Ah bah oui, les mamans elles travaillent tard maintenant… Et c'est ton papa qui te fait à manger ?

Oui ma mère rentre tard, elle a un grand manteau de fourrure noire qui sent le froid quand elle rentre et qu'elle vient me faire un câlin, on dirait une grande panthère noire, une grande panthère noire qui vient me protéger dans la nuit.

— Oui, c'est mon papa.

— Je te parie qu'il fait des frites ton papa…

— Non, mais on va souvent au grec !

Mon père, ah non, ce n'est pas un fin cuistot. Notre repas de fête c'est poisson pané-pommes de terre. Mais mon père nous fait mourir de rire tous les soirs, mon frère et moi. Régulièrement je le supplie de se taire car j'ai mal au ventre à force de rigoler ! Mais ça, il s'en fout, Mister Légumes du Marché.

— Au grec ? C'est quoi le grec ?

— Bah, c'est un sandwich avec de la viande, des frites, de la salade, des tomates, de l'oignon mais tu n'es pas obligé de tout prendre, salade tomate ou oignon.

— Ah… Tu veux dire un kebab ?

Il est horrifié.

— Il y a deux kebabs dans notre rue…

Il me coupe la parole en soupirant, me fait signe de me rhabiller.

Il y en a deux, je voulais expliquer. Un « grec méchant » qui est meilleur, mais on va chez le « grec gentil » qui n'est pas très bon, mais « le pauvre, il n'a personne dans son restaurant ! ».

Je me rhabille et j'ai envie de pleurer, de pleurer très fort. J'ai l'impression de vivre le cauchemar de tous les gamins, d'être toute nue au tableau et de répondre mal à toutes les questions qu'on me pose. Je me sens bombardée de toutes parts. Il critique à la fois mon corps, ma vie, mes parents, foule de son pied tout mon petit monde. Je suis là, à moitié nue, et c'est ma première confrontation brutale au sexisme, à la normativité, à la bien-pensance. Je lui tends le chèque que mes parents m'avaient donné. Il est taché.

« Ah bah oui, mais tu diras à tes parents qu'on ne garde pas son chéquier dans la cuisine, aussi… »

C'est vrai que c'est le bordel chez moi, le joyeux bordel. Ce n'est pas étonnant de retrouver un chéquier dans la cuisine ou un cahier de textes dans la salle de bains, des pneus dans le couloir ou des poils de chat dans la douche. Mais c'est chez moi ! Ma maison ! Je me sens coupable de ne pas savoir défendre mes parents. Dans mon cerveau de petite fille, je fais le lien entre mon corps et le dénigrement de ma famille. C'est de ma faute si mes parents passent pour de mauvais parents, c'est parce que je suis grosse.

Le soir même, je consulte mon carnet de santé, je regarde ma courbe. Et je prie. Je n'ai jamais prié de ma vie, ni cru en Dieu, mais je prie, à genoux en chemise de nuit dans ma chambre : « Mon Dieu, s'il te plaît, remets-moi dans la courbe normale, remets-moi dans la courbe normale. »

Oh mais oui. Mais bien sûr. J'en prends conscience au moment où j'écris ces mots. Je n'ai pas changé depuis ce jour. Ma quête d'Elo Score est la même prière. Je suis la même petite fille qui rêve de rentrer dans la courbe normale. Où est ma petite croix maintenant, suis-je enfin revenue dans la belle courbe rose ? Dis-moi Tinder suis-je enfin réparée ? Chaque swipe viendrait me donner comme un indice, oui, Judith, tu es enfin du bon côté !

Si mes faiblesses psychologiques m'ont transformée en proie facile pour devenir accro à Tinder, il est hors de question de conclure ici que le problème ne vient que de moi. Nous sommes des dizaines, des centaines, des milliers, des millions à ne plus avoir toute notre tête quand il s'agit d'amour et d'attachement, et c'est pour cela que le design de l'addiction prend si bien sur certains d'entre nous, dont je suis. Je contemple mes dizaines et dizaines de pages d'échanges vains et là aussi, ça me saute aux yeux. Toutes ces heures passées à zoner sur Tinder, mon sentiment âcre et cendreux de vide et d'infériorité et mon impossibilité à ne pas y retourner ont servi à construire cet empire. Cette détresse est aussi leur manne financière.

Quelques jours plus tard, je consulte à nouveau le document car j'aimerais retrouver mon premier *match*. Page 801.

Match n° 1.
Hello ! Ce serait pour un covoiturage !

CHAPITRE 10

Sérotonine-party

Je ne pense plus à Mirage à Berlin. Mais quand je reviens à Paris, je ne peux m'empêcher de me demander ce que j'aurais pu faire pour que les choses se passent différemment. Avec un meilleur score de désirabilité, Mirage ou Husky seraient-ils amoureux de moi ? Mais dans quel monde je vis ?

Je pensais cette dernière question réservée aux héroïnes de romans de science-fiction ou de *Black Mirror*. La série interroge les conséquences que la technologie pourrait avoir sur notre vie dans un futur immédiat. Le titre fait référence aux écrans noirs de nos téléphones que nous ne cessons de contempler. Dans *Nosedive*, le premier épisode de la saison 3, les personnages évoluent dans un monde où toutes leurs interactions sont notées en direct par leurs pairs, et où une bonne ou une mauvaise note conditionne l'ensemble de leur existence, notamment les fêtes où ils ont le droit d'aller ou les personnes qu'ils peuvent fréquenter. Probablement pas si éloigné de notre vie sur Tinder.

L'amertume me gagne à contempler mes histoires bancales, foireuses, des demi-histoires même qui n'ont jamais pleinement existé. Que s'est-il passé ? Pourquoi est-ce si difficile de démarrer une histoire d'amour à 30 ans ? Je me souviens de mes 15 ans et de mes rendez-vous le mercredi après-midi avec mon premier grand amour, au McDo, on avait décidé de tester tous les parfums de McFlurry et de leur donner des notes. Évidemment, on n'était jamais d'accord sur les notes et on faisait de grands débats. On n'arrivait jamais à finir nos glaces parce qu'on était bien trop stressés de se retrouver seuls tous les deux.

Quand on a fini par s'embrasser après des mois et des mois de conversation le soir sur MSN et de rendez-vous McDo, c'était évident qu'on « sortait ensemble ». Bon. OK pour davantage de souplesse dans nos relations d'aujourd'hui, le baiser ne signifie pas automatiquement que t'es maqué… Mais est-ce que ce sentiment d'évidence existe encore ?

J'ai rendez-vous avec Bérénice[1] à 11 heures. Bérénice a 21 ans et vit près des Champs-Élysées, dans un studio qu'ont aménagé ses parents à proximité de leur appartement. Vous l'avez déjà jugée en moins de trois secondes en lisant cette phrase ? Moi aussi. Mais Bérénice a aussi recueilli un chaton en cachette de ses parents et elle le garde dans son studio. Du coup, elle a appelé le chaton Cachette. Ah, vous aussi, ça vous la rend un peu plus attachante ? C'est la petite cousine de l'amie d'un ami d'amie,

1. Le prénom a été modifié.

bref, une connaissance très éloignée. Je dois l'interviewer pour une série de témoignages sur Tinder destinés à un site de podcast qui va se lancer. Le sujet ne sera finalement jamais diffusé.

Je me rends à ce rendez-vous avec en tête mon double agenda, comme avec Sean Rad. Comme Bérénice est absolument magnifique, je veux aussi parler avec elle pour me faire une idée de ce qui se passe, sur Tinder, quand on est au top niveau désirabilité. Je ne lui parle pas de l'enquête, pas du concept du Elo Score, juste de l'interview pour le site de podcast. Ce n'est pas honnête. Mais je ne culpabilise pas du tout. Je la trouve tellement belle, ça ne devrait même pas l'atteindre. C'est idiot, bien sûr, juste une conséquence de ma jalousie. La vie des gens très beaux, très riches, ou des stars doit être constellée de ce genre de petites bassesses de la part de leur entourage.

Bérénice, donc, est magnifique. Une merveille de la nature, un truc qui doit arriver une fois sur je ne sais pas combien, un genre de chapelle Sixtine de la génétique. Grande, souple, gaulée comme une guêpe avec taille fine, longues jambes, cheveux en cascade, nez retroussé et taches de rousseur. Quand elle bouge, on dirait qu'elle vole.

« Tout le monde m'appelle Béré », m'a-t-elle déjà dit plusieurs fois, m'invitant à faire de même. Je ne peux pas. Je n'ose pas. Bérénice me fascine et me tétanise. Elle a fêté la veille ses examens dans un club sur les Champs, elle est fatiguée. L'information me fait sourire. Quand nous avions eu notre bac avec

Zoé, nous avions fait croire à nos copines que nous étions allées en boîte à Paris, alors que nous avions passé un week-end à boire en cachette les bières de sa tante dans son pavillon de banlieue.

Elle est ravie de répondre à mes questions. Elle se décrit comme « accro aux applis ». Elle les a « toutes ». Ah tiens, une accro de plus ? Me reviennent en tête les images de bananes, de cerises, de cloches qui défilent. Le système fonctionne des deux côtés. Pour cause, les femmes ont les mêmes neurotransmetteurs que les hommes. Chaque *match* provoque en effet une petite décharge de sérotonine, le neurotransmetteur du plaisir. Le même neurotransmetteur que les drogues comme la MDMA ou l'ecstasy activent de façon intense.

Mais pour Bérénice, la récompense n'est pas aléatoire comme pour les machines à sous. Elle gagne à tous les coups, c'est sérotonine-party dans ses circuits. « C'est génial pour l'ego, surtout. Mon but, c'est d'avoir 2 000 charmes sur Happn, j'en ai déjà 1 400. » Happn est un concurrent français de Tinder où les utilisateurs peuvent attirer l'attention d'une personne en leur envoyant un charme. 1 400 petites décharges au compteur de Bérénice. « Au début je faisais des *dates* classiques, j'allais faire une balade, voire une expo, mais en fait, c'est très vite très ennuyeux. Je préfère tester mon pouvoir, voir jusqu'où les mecs sont prêts à aller pour avoir peut-être un rendez-vous avec moi. »

Elle marque une pause, puis me sourit.

« J'ai un esclave, par exemple. C'est lui qui

m'a suppliée. Je ne l'ai jamais vu, et je ne le verrai jamais, je ne suis pas folle, s'esclaffe-t-elle. Il a une ceinture de chasteté et doit me demander l'autorisation pour l'enlever. Parfois, je dis oui, parfois, je dis non. Je sais, c'est de la folie ! Ma meilleure amie ne me croyait pas, alors la semaine dernière on l'a skypé toutes les deux. Son rêve, c'est de venir faire mon ménage, mais ça, ça va trop loin. Il y a plein d'hommes qui veulent me payer pour passer une soirée avec moi. Je fais monter, monter, monter les enchères le plus possible. Je veux savoir combien je vaux. Je ne vais pas plus loin, c'est juste pour l'ego. Les mecs, ils ne me disent jamais, jamais, jamais non. »

Elle veut savoir combien elle vaut. Elle le dit comme ça, sans sourciller.

Moi, personne ne m'a jamais proposé d'argent, je pense dans un premier temps, avant de me mépriser de tout rapporter à moi. Je me rappelle ensuite Eva Illouz et la façon dont nous nous considérons tous selon elle comme des produits sur les sites de rencontre. Bérénice ne la contredira pas. Mais il y a aussi visiblement une jouissance à être un objet, quand on est un objet convoité comme une Bérénice, la jouissance d'être un objet bien plus convoité que les autres.

— Est-ce que je peux voir ton Tinder ?

— Bien sûr !

Elle me tend son iPhone. Elle a reçu des dizaines et des dizaines de messages, tous non lus. Je descends et je n'en vois pas la fin. Je swipe deux, trois, quatre profils, tous l'ont likée.

— Il n'y en a jamais un qui t'a plu davantage que les autres ? Tu ne tombes jamais amoureuse ?

— Si. Mais déjà, je suis trop jeune pour avoir une histoire sérieuse. Et quand il y en a un qui me plaît, je me lasse vite. J'ai toujours l'impression que je pourrais trouver mieux. »

Je continue à faire parler Bérénice de sa vie sur les applis en mode automatique. Mais je ne l'écoute plus. Sa réplique m'a tuée. Ce n'est pas de sa faute, mais me revient illico Mirage et son « mieux en rayon » que j'ai toujours en travers de la gorge. Mieux, mieux, mieux, mieux, qu'avez-vous tous, putain, à vouloir optimiser vos vies sentimentales, à craindre de manquer une opportunité ? Putain de génération de gros coincés, à force de ne pas vouloir se fermer de portes, on va passer notre vie dans un putain de couloir. Mieux, mieux, mieux, mieux, mieux, mais qu'est-ce que ça veut dire « mieux » ?

En sortant de chez elle, déjà dans le métro, je me livre à une torture contemporaine que nous connaissons toutes. En tapant son nom sur Instagram, je me dis pendant un quart de seconde que non, je ne devrais pas, à quoi ça sert, à part se faire du mal. Mais c'est si mal et c'est si bon. Je contemple chacun de ses clichés. Maillot une pièce dos nu sur minishort en jean, ses seins tiennent tout seul bien sûr. Aucune cellulite ou vergetures. Éclats de rire dans une bouée flamant rose, selfie avec une petite moue trop mignonne et Cachette dans les bras.

Je m'arrête sur l'un d'entre eux. Maillot de bain

noir une pièce allongée au bord d'une piscine, de dos. « Pour une fois que monts et merveilles sont autre chose qu'une promesse », a commenté l'un de ses amis. Sa peau est lisse et ferme, son cul rebondi, ses cheveux caressent son dos. J'imagine ce que doit ressentir Mirage quand il tombe sur ce genre de photo et cette pensée me fait instantanément l'effet d'un coup de poing dans le ventre. Je zoome sur son cul comme pour m'accorder le coup de grâce. C'est si beau, ses petites fesses rebondies. Je suis sûre qu'il la kifferait, évidemment. Tout le monde la kifferait. Je peux presque ressentir le désir qu'un homme hétéro éprouverait face à ses photos et cela me brûle. Chacun des hommes que j'ai aimés et désirés a déja vu des dizaines de photos comme celles-ci, forcément, ils sont peut-être même allés les chercher. Est-ce qu'eux aussi m'ont comparée comme je me compare ? Cette pensée me tord le ventre. Je scrolle son Instagram avec la ferveur coupable d'un ado qui mate du porno. Elle en maillot de bain, encore, putain, elle passe sa vie à la plage ou quoi ? Bikini rouge, allongée sur une serviette, yeux fermés, cheveux mouillés. On dirait une actrice. En commentaire, une de ses copines : « Oh Béré, ta beauté, si seulement tu pouvais m'en donner un peu ! ! » Je suis touchée par cette réplique qui se présente comme une blague mais n'en est pas une.

Le pire, c'est qu'il n'y a pas qu'elle. Elles sont des centaines, des milliers, les filles comme Bérénice sur Tinder. Je me représente tous leurs profils, toutes ces photos. Toutes ces femmes. Avec la même frange que moi, le même vernis, les mêmes petites Stan Smith, les mêmes études. Et le petit cul de Bérénice. Je suis si insignifiante, comment exister au milieu d'elles, comment faire pour être différente ? Comment faire pour ne pas être immédiatement zappée pour une quête de mieux ? De quelles armes me saisir dans ce combat perdu d'avance, d'avance, infiniment perdu d'avance ? À la guerre de toutes contre toutes, n'ai-je pas toujours perdu ? Quelle chance ai-je *contre* une Bérénice ?

Je pensais que le passage le plus difficile à écrire pour ce livre serait l'épisode de la brosse à dents électrique. Mais non. La honte vient maintenant. De retour chez moi, je continue de stalker Bérénice.

Ici, elle porte un grand chapeau de paille et elle éclate de rire sur une plage (encore !) Là, elle refait ses lacets sur les escaliers du Sacré-Cœur, blouson en cuir et slim noir moulant sur corps parfait. Plus bas, elle danse dans un appartement, yeux fermés, cheveux couvrant la moitié de son visage, sourire de star et épaules parfaitement dessinées. Ça me brûle de l'avouer, mais à cet instant je veux être elle, je veux voler sa vie, je suis comme les gamines du collège en fascination sur la star de la classe qui s'achètent les mêmes habits qu'elle, en version névrose numérique.

Je reçois un appel sur mon téléphone et le bruit de la sonnerie me fait l'effet d'un réveil. La réalité me rattrape au collet. Je rabats violemment le clapet de mon ordinateur et refuse de penser une seconde de plus à Bérénice.

CHAPITRE 11

Petite joueuse

Le 26 septembre 2017, je publie mon premier article dans le grand quotidien britannique *The Guardian*, une analyse de mes 800 pages de données personnelles. Le titre : *J'ai demandé mes données personnelles à Tinder, j'ai reçu 800 pages de mes secrets les plus sombres et les plus enfouis*[1].

J'avais envoyé un mail au service Technologie pour leur proposer un article, ils avaient aussitôt accepté. J'ai du mal à y croire, jusqu'au dernier moment. Tant que l'article n'est pas paru, je n'en parle à personne, j'ai peur que cela ne se fasse pas. J'y explique pourquoi les algorithmes de Tinder ont tant de pouvoir sur nos vies. Que, rien qu'en ayant accès à mes likes Facebook et à ma correspondance, Tinder en sait plus sur moi que mes meilleurs amis,

1. *I asked Tinder for all my personal data, it sent me 800 pages of my deepest darkest secrets* [en ligne], TheGuardian.co.uk, 26 septembre 2017.

mes parents, mon psy si j'en avais un et moi-même. Qu'en exploitant mes données personnelles pour déterminer qui je vais voir sur l'application, Tinder décide pour moi qui je peux rencontrer, toucher, aimer, que c'est un pouvoir immense sur moi, sur ma vie, sur mon corps.

Ce sont mes deux idées principales, je n'évoque pas le Elo Score. Je me suis appliquée de toutes mes forces pour cet article et j'ai passé des heures à réaliser des interviews avec des spécialistes. J'ai fait réagir Tinder via Louis, leur communicant rencontré sur les Champs-Élysées, qui a envoyé mes questions en interne et m'a fourni leurs réponses :

— Pourquoi Tinder conserve-t-il autant d'informations sur moi ?

— Pour personnaliser l'expérience de chacun de nos utilisateurs. Nos serveurs de *matching* sont dynamiques et considèrent plusieurs facteurs au moment de montrer des *matchs* potentiels à un utilisateur afin de personnaliser l'expérience.

Quand je relance pour demander quelles informations précises sont utilisées pour me montrer des profils et avec quelles conséquences, je me fais rembarrer :

— Nos serveurs de *matching* sont le noyau de notre technologie et de notre propriété intellectuelle et nous ne pouvons pas partager d'information à propos de nos outils déposés.

Gna gna gna.

Louis appréhende un peu la parution de l'article et me taquine : « T'es pas obligée de publier un méchant article dans le *Guardian* ! On avait plein de super projets avec toi ! » Il me fait sourire. Je l'aime bien.

Je peaufine mon papier et le termine ainsi : « En tant que Millennial typique constamment vissée à mon téléphone, ma vie virtuelle est devenue ma vraie vie. Il n'y a plus de différence. Tinder est l'outil avec lequel je rencontre des gens, c'est ma réalité. Une réalité qui est en permanence influencée par d'autres – mais je n'ai pas le droit de savoir comment. » Les éditeurs du *Guardian* le modifient à peine, juste quelques précisions. Je suis fière comme un paon.

Dès le jour de sa parution, l'article connaît un succès incroyable. Ce sera l'un des contenus les plus lus du site en 2017. Il est repris dans le monde entier, traduit en chinois, en espagnol, en portugais, et en allemand. Pendant quinze jours, ma boîte mail est remplie de requêtes de journalistes, de demandes d'interview en tout genre.

Tinder se montre très réactif : quelques semaines après la parution de mon article, l'appli lance une option *Download my data*, pour permettre aux utilisateurs de demander leurs données perso. Un pas dans le bon sens ! Mais on ne reçoit plus les messages envoyés par d'autres utilisateurs, « conformément à leur politique de confidentialité ».

Je savoure mon succès professionnel tout en accusant toujours le coup de ce que j'ai découvert sur moi en lisant mes messages. Je me rends dans les locaux de France Télé pour répondre à une interview. Je me fais houspiller par la maquilleuse, qui me dit que je fais « n'importe quoi » avec ma peau. On se marre, elle est sympa. On me fait patienter avant mon passage à l'antenne. Une journaliste, pas celle qui va m'interviewer, me demande, avec un air que j'interprète comme suspicieux : « Ah oui, c'est vous les 800 pages ? Mais vous avez, comment dire, une utilisation… intensive de Tinder, non ? » Je sens le souffle froid de la honte s'abattre sur moi juste avant de rentrer en plateau.

Dans *28 minutes* sur Arte, Claude Askolovitch chronique mon article à l'antenne et un dessin humoristique est même fait à mon sujet. C'est DSK qui se moque de moi en glissant : « 800 pages, petite joueuse ! » Ça me fait rire et me terrifie, rapport à mes troubles de l'attachement.

Je finis même par être invitée à Londres au Victoria and Albert Museum pour exposer mes données personnelles lors d'une soirée de performances. Une partie de mes données est affichée, une autre diffusée en boucle dans une vidéo. Pas l'intégralité de mes 800 pages, juste un bon tiers – j'ai enlevé les messages en français. L'expérience est intrigante. Une fois mon installation prête, la curatrice me suggère de rester là et d'expliquer aux visiteurs qu'il s'agit de mes données. Impossible pour moi d'alpaguer les gens qui passent et de leur dire : « Eh, oh ! C'est ma vie ! » Alors je reste assise dans un coin, à observer des inconnus consulter mes données. Après tout, ce sont aussi des messages que j'ai échangés avec de parfaits inconnus.

« Il faut que tu battes le fer tant qu'il est chaud, profite du buzz pour vendre un projet de bouquin », me disent mes amies les Journalopes. C'est là que j'écris à la Goutte d'Or. Car je n'ai pas tout dit dans l'article. Je leur explique autour d'un café que Tinder donne aussi une note secrète de désirabilité, et que ça fait des mois que j'essaie d'obtenir la mienne. Ils accrochent à mon idée et imaginent déjà le titre du livre : *À la recherche de ma note Tinder*.

CHAPITRE 12

Judith gaze

Le dimanche soir, souvent, avec ma coloc Giulia, nous dînons ensemble. « Giuditta, viens, on commande du thaï ! » m'interpelle-t-elle à travers la porte de ma chambre ce soir-là. Nous choisissons nos plats à tour de rôle et débouchons une bouteille de chianti que j'essaie de prononcer avec l'accent italien. « T'as presque l'accent sicilien », se moque Giulia. L'ambiance est chaleureuse, j'ai l'impression d'être en famille. Toute mon époque s'emploie à dévaloriser le concept de routine alors que moi j'en ai besoin, je la recherche. Le dîner des colocs du dimanche soir, la grasse mat du samedi, le yoga du mercredi, je chéris ces petits plaisirs qui ponctuent ma semaine comme autant de points d'ancrage. Une copine à elle s'est jointe à nous ce soir-là.

Trois filles et une bouteille de chianti, la discussion s'oriente très vite vers les mecs. « Moi, j'abandonne », soupire Giulia. La semaine dernière, elle devait rencontrer un homme avec qui elle échangeait depuis trois semaines sur Tinder. Ils s'écrivaient jusqu'à trente, peut-être même soixante messages par jour, elle ne lâchait plus son téléphone. Alors qu'elle sortait de la douche, toute maquillée et prête à enfiler la tenue « sexy mais j'ai pas fait exprès » qu'elle avait choisie pour se rendre au *date* prévu une heure plus tard, il lui a écrit pour annuler leur rencontre, sans explication. Comme on annule une commande de sushis ou un Uber. Et encore, quand on annule un Uber trop longtemps après l'avoir commandé, on doit payer une pénalité de 5 euros, j'ai songé, devant la tête de ma pauvre Giulia. Il n'a ensuite plus jamais répondu à aucun de ses messages, ces derniers n'apparaissant jamais en « lus » sur WhatsApp. Il l'a probablement bloquée ou évite soigneusement d'effleurer de ses doigts les messages de Giulia comme moi quand je n'ouvre pas les mails pro qui me font peur.

« C'est bizarre parce que j'ai quand même l'impression de le connaître un peu, alors que je ne l'ai jamais rencontré », poursuit-elle à propos de ce mec. Les mots me manquent pour réconforter mon amie face à cette lâcheté d'un nouveau genre. Même si j'ai ma petite idée. Quand ils ont *matché*, son correspondant était en vacances avec son père. Mon avis est qu'il se sentait alors très seul et était bien heureux de pouvoir discuter avec elle, mais une fois revenu à sa vie réelle, il est très vite passé à autre chose. Ou alors il communiquait avec plusieurs filles et Giulia n'était pas sa préférée.

« En fait sur Tinder ou les autres applis, il ne faut

jamais croire à ce qu'on lit. Ce n'est pas parce qu'on te donne rendez-vous qu'on va s'y rendre, ce n'est pas parce qu'on te dit qu'on est intéressé qu'on va t'écrire à nouveau. Ce n'est pas parce qu'un mec a l'air à fond qu'il l'est vraiment, ou surtout qu'il le sera encore après t'avoir rencontrée et surtout après avoir couché avec toi. Rien n'a aucune valeur », continue Giulia, sombre et lucide.

De mon côté, je me suis déclarée en break de dating, de Tinder et de toute recherche de mec. Je suis épuisée, mon ego est en dessous du niveau de la mer et l'affaire Bérénice ne m'a pas aidée. Mon ego suit un stage de récupération de points. Je ne supporte plus l'idée de me soumettre à la validation d'un homme. Qu'il ait même un avis sur moi, mon corps, qu'il regarde mes cuisses ou mon ventre et se demande ce qu'il en pense. Qu'il se demande s'il faut ou non répondre à mes messages, si je vaux le coup, ou s'il vaut mieux continuer à chercher car il y a peut-être mieux *en rayon*. L'imaginer débriefer un rendez-vous avec moi, parler de mes qualités, mes défauts, me soupeser comme on choisit un melon sur un étalage m'est insupportable. Je me sens salie de m'être laissé traiter ainsi et d'être restée prostrée, en attente, à récolter des miettes d'affection.

Peut-être n'ai-je pas toutes les cartes en mains. Dans la BD-essai sur l'amour de la Suédoise Liv Strömquist, *Les Sentiments du prince Charles*[1],

---

1. Rackham, 2010.

l'auteure explique que les femmes qui se sentent automatiquement attirées par des hommes non disponibles émotionnellement sont elles-mêmes souvent non disponibles. Elles se retrouvent dans une situation ambivalente par rapport aux attentes de la société à leur sujet. Être en couple étant valorisé pour les femmes, elles ne parviennent pas à assumer leur désir de célibat. Selon l'auteure de la BD, les femmes doivent encore se construire selon le regard d'autrui, ce qui les maintient dans une position de vulnérabilité, d'incapacité à accéder à l'indépendance. Alors elles se bricolent une liberté en trompant les apparences et se cachent dans des couples qui n'en sont pas vraiment.

Je me suis donc acheté un cahier, j'adore m'acheter des cahiers, ça me rappelle les courses de rentrée. J'ai fait la liste de toutes les activités qui me procurent du bonheur, à moi, rien qu'à moi, et non pour plaire à un mec, même un mec hypothétique. Je veux me soustraire, même quelques semaines, du *male gaze*. Le *male gaze* est une théorie féministe selon laquelle toute la culture dominante nous impose d'adopter le regard d'un homme hétérosexuel et de considérer les femmes et leurs valeurs à travers ce prisme. La notion de regard est très importante dans ce concept, parce qu'il a été développé par une critique de cinéma, Laura Mulvey[1], dans les années 70.

Selon la théoricienne, la presse féminine est elle

1. *Visual Pleasure and Narrative Cinema*, Laura Mulvey, Oxford Journals, vol. 16, n° 3, 1975.

aussi empreinte du *male gaze*, puisqu'elle explique aux femmes comment satisfaire ce regard, ou comment attirer ce regard en étant à la mode ou en utilisant les bons produits de beauté.

Je me suis inspirée du système de motivation de mon ami Théo qui se donne des points à chaque fois qu'il arrive au bout d'une tâche professionnelle. Ça l'aide à se motiver et évaluer sa productivité. Il a raison, c'est à moi de me filer des scores plutôt que de tenter d'optimiser celui qu'une entité extérieure m'attribue. Lire un roman, 5 points ; voir un film, 5 points ; me faire de la chouette cuisine, 4 points ; avoir une belle conversation le soir en buvant une tisane, 5 points ; écouter l'émission de philo à 10 heures du mat sur France Culture, 3 points ; prendre un café au soleil avec une amie, 3 points ; marcher dans la nuit en écoutant de la musique, 2 points ; etc. Je note aussi les choses qui m'ont apporté de la joie au cours d'une journée. Par exemple, ce dimanche, j'ai gagné 1 point : j'ai vu un écureuil près du Landwehrkanal, à Berlin. Petit à petit, je construis le barème du *Judith gaze.*

CHAPITRE 13

Première note

Je pousse la grande porte vitrée d'un salon de thé-librairie, traverse la salle en me frayant un chemin entre les bacs de vieux livres d'occasion. Tiens, je devrais apprendre l'allemand avec des livres pour enfants. Des fleurs sont déposées sur chacune des tables, une musique douce en fond sonore. Il est 15 heures en pleine semaine, la pièce est presque vide, à part deux tables occupées par des mamies. L'une grignote une tarte aux pommes avec plein de crème Chantilly. Anton[1], un spécialiste du data et des algorithmes, est déjà là. « Je suis venu pour déjeuner, c'est une bonne adresse », me dit-il pendant que je m'installe à côté de lui, dans un fauteuil moelleux en velours rouge. « J'ai pas de boulot en ce moment, alors j'apprends le *machine learning* et j'essaie d'ouvrir une boulangerie », m'explique-t-il avec un air malicieux. « C'est très similaire, tu sais,

1. À sa demande, son prénom a été modifié.

les algorithmes et la fabrication du pain. Il s'agit de suivre des instructions dans les deux cas ! » Ce concept de boulanger-hacktiviste m'éclate. Anton a eu vent de mon enquête par une amie commune. Il lui a alors fait passer ce message : « J'aurais peut-être quelque chose pour ta pote journaliste. » J'étais super contente qu'il me contacte.

Sans en savoir davantage, me voici en compagnie d'un inconnu à l'air sympathique. « Je me suis intéressé aux informations envoyées par les serveurs de Tinder, commence-t-il sans préambule. Et tu dois savoir que certaines photos des utilisateurs possèdent un *"success rate"*, un taux de succès. »

Selon Anton, on peut avoir accès à ce « score » composé d'une dizaine de chiffres, apparaissant comme ceci : 0.13131313131313133. Il s'agirait selon lui – Tinder n'a pas souhaité confirmer ou infirmer ce point – du pourcentage de fois où la photo d'un individu est likée, ici approximativement 13 %. Le taux de succès de votre photo, donc. Ce chiffre est lié à l'option Smart Photo, qui permet de placer en premier la photo avec le meilleur succès, sans que Tinder ne vous informe de ce pourcentage. Dans un post de blog[1], Tinder reconnaît avoir développé cette option en utilisant le *machine learning* ou « apprentissage automatique ». En gros, des algorithmes étudient en interne les comportements de leurs utilisateurs pour identifier le système de

1. *Smart Photos* [en ligne], tech.GoTinder.com, 13 octobre 2016.

notation le plus efficace. L'idée est simple : l'application teste laquelle de vos photos fonctionne le mieux en présentant tour à tour en premier des photos différentes de vous à un grand nombre d'utilisateurs. Selon Tinder, cela permet une augmentation de 12 % du nombre de *matchs*. « C'est un peu comme si nous étions votre équipe de recherche personnelle, précise Tinder dans un autre post[1]. Quel est mon meilleur profil ? Suis-je plus attachant quand je pose avec mon chien ? Avec les Smart Photos, vous le saurez très vite. [...] Eh oui, il y a bien de la science derrière chacun de vos swipes. Nous appliquons notre recette secrète pour que parcourir des profils soit plus amusant et plus efficace. »

Anton assure qu'il peut avoir accès à mon *success rate*, justement parce que j'ai activé l'option Smart Photo. En revanche, d'après lui, impossible de mettre la main sur mon Elo Score : cette information-là demeure dans les serveurs de Tinder, ils ne la font pas voyager entre mon téléphone et leur base.

Une note, je vais avoir une première note. Suspens ! Quelle sera-t-elle ? Serai-je dans la moyenne ? En dessous ? Au-dessus ?

« Pour capter ton *success rate*, je vais l'attraper au vol. C'est le seul moyen d'y accéder. Je peux faire ça uniquement quand un homme se voit présenter

---

1. *Tinder présente les Smart Photos : pour vous montrer sous votre meilleur jour* [en ligne], blog.GoTinder.com, 13 octobre 2016.

ton profil. » Cette information n'est pas stockée dans mon Tinder ou sur mon téléphone, en revanche elle est présentée quand ma photo est montrée à un autre. Anton s'est créé un compte pour l'occasion ; il va se débrouiller pour que son profil tombe sur le mien. Comment compte-t-il procéder ? « J'ai collecté un maximum d'infos sur toi, j'ai liké les mêmes pages Facebook que toi, je suis devenu ami avec plusieurs de tes amis, j'ai prétendu être allé à la même université que toi et habiter la même rue. » Il rit.

Je ne sais pas sur quel pied danser, mais j'ai envie de savoir ce que Monsieur le boulanger-hackeur a dans le ventre. Et puis, soyons honnête, la curiosité l'emporte. Je prends des notes histoire de ne rien louper de sa démonstration.

« On va tenter d'accéder à l'interface de programmation de Tinder pour capter les données échangées entre ton téléphone et l'application », annonce Anton. L'interface de programmation – ou API, pour *Application Programming Interface* – c'est le messager express entre l'appli et le serveur, le processus qui envoie ma demande et réceptionne la réponse. Un peu comme nos nerfs font dialoguer notre corps et notre cerveau. Par exemple, quand je me connecte à Tinder, j'envoie un message aux serveurs indiquant que je suis connectée et qu'il faut donc me présenter des nouveaux profils à swiper, afficher mes *matchs* et mes messages. Le serveur me répond en me montrant des profils et mes données personnelles. Car ces informations ne m'appartiennent pas, elles ne sont pas physiquement sur mon téléphone, mais dans les serveurs de l'application. Cette action est répétée à chaque fois qu'un utilisateur interagit avec l'application.

Une fois connecté à l'API de Tinder, Anton me décrit les données échangées entre l'application et le compte. « Je t'attendais pour faire le test, mais tu vas voir, je suis sûr qu'on va finir par te trouver. »

L'écran d'Anton est divisé en deux. À gauche, le Tinder que nous connaissons, avec les profils qui défilent et la possibilité ou non de liker. À droite, comme dans *Matrix*, un écran noir et une pluie de lettres vertes. Quand un profil apparaît sur l'écran de gauche, il est assorti, à droite, des coordonnées de ses photos, des informations le concernant et, enfin, de son *success rate*.

Chaque fois que je fais quelque chose sur mon téléphone, ce sont autant de mots et d'informations qui voyagent, je songe, en regardant les lettres vertes défiler. Tellement d'informations échangées pour la moindre opération. Si seulement nous pouvions voir ces données voyager, peut-être nous rendrions-nous davantage compte de tout ce qui transite sur nous. Je me souviens que les poulpes, qui changent de couleur en permanence pour faire passer des messages et exprimer leurs émotions, ne sont en réalité pas capables de percevoir les couleurs. Cette information m'avait époustouflée quand je l'avais apprise. Mais en réalité, nous ne sommes pas si différents des poulpes. Nous délivrons sans arrêt des informations à notre sujet, et nous sommes incapables de les voir ou de les comprendre.

Après le défilement de dizaines de profils, ma photo apparaît sur l'écran d'Anton. Il manque de la swiper à gauche et ainsi de m'éliminer, machinalement. Nous aurions alors loupé mon *success rate.* Je lui attrape le bras et l'invective : « Je suis là ! » Il pousse lui aussi un mini-cri de stupeur avant de se moquer de moi. Tout le café nous regarde.

— Révélation imminente ! me lâche-t-il, enjoué.

— J'ai peur !

— J'avoue, répond Anton, pas du tout rassurant.

Je lève les yeux un instant. Je regarde les mamies à côté de moi. Je les envie. J'ai hâte. J'ai hâte qu'on soit tous vieux, que la question ne se pose plus. Fini d'essayer d'être belle quand on a 70 ans, non ? Fini la concurrence ? Il me tarde d'être une petite vieille qui mange des gâteaux l'après-midi, d'être en dehors du grand marché du sexe. Et encore, il paraît que c'est la guerre entre femmes âgées pour se retrouver un mec, car les hommes meurent bien avant les femmes.

Mon Dieu. Est-ce que ça s'arrête un jour ? Continuerai-je, à 70 ans, à scroller les comptes Instagram des autres femmes pour me faire du mal, à me laisser aller à critiquer, parfois, ces mêmes autres femmes, juste pour me rassurer, juste pour tenter de me convaincre qu'elles ne sont pas si supérieures à moi ? Qu'y aura-t-il à la place d'Instagram ? Peut-être pourrai-je faire apparaître en hologramme les photos chez moi pour mieux en observer toutes les coutures, peut-être pourrai-je même me comparer en direct en faisant apparaître mon hologramme à côté ?

Amazon Echo Box propose bien déjà de noter nos tenues, peut-être pourrai-je alors lui demander de me dire combien de points me séparent des autres filles ? Et comment m'améliorer ? Oh et ensuite je recevrai plein de pubs ciblées pour du Valium, du Prozac ou autres anxiolytiques, j'en suis sûre, avec livraison immédiate !

Cette perspective me plombe et je sens mes épaules s'affaisser. Je souris aux mamies pour reprendre du poil de la bête. Est-ce qu'elles ont une idée seulement de ce que c'est un *success rate*, mes voisines de table ? J'ai peur que mon pourcentage soit minable et de perdre la face devant Anton. J'ai peur d'être déçue. J'aimerais bien avoir une bonne note, quand même.

— Il est là. Ton *success rate* est de 0.5505097508430481.

Je suis un 55 %. Likée une fois sur deux.

— Super décevant ton chiffre, t'es pile au milieu, plaisante Anton.

Je rigole avec lui et tâche de prendre un air détaché. Je ne sais pas trop comment réagir. Je suis à la fois rassurée et vexée. Rassurée car ce n'est pas un 25 % ou un 15 %. Évidemment, une part de moi aurait rêvé d'un 70 %. Je me demande qui sont les mecs qui m'ont swipée à gauche, éliminée. J'imagine ma photo avec la croix rouge qui s'imprime quand on refuse un profil, avec le tampon « *nope* » qui s'inscrit dessus. Est-ce que ce sont des mecs qui ne jurent que par les *fit girls*, les filles ultra-sportives, les crevettes, les filles toute minces ? Ou peut-être que ça n'a rien à voir avec mon corps. Peut-être que ce sont des mecs qui kiffent les passionnées du grand air, la rando et le camping, ou les femmes qui adorent la musique, le cinéma, qui peuvent parler de leur réalisateur préféré pendant des heures et ont dix titres de films dans leur biographie ?

Je me demande à combien de personnes en tout mon profil a été montré. Plusieurs milliers ? Dizaines de milliers ? Oh lala, si mon *success rate* est de 55 %, ça veut dire qu'à peu près la moitié m'a jetée, donc peut-être 4 000, 5 000 personnes… Ça représente quoi, 5 000 personnes ? Une salle de concert ? Enfin, il y a la même en face avec tous ceux qui m'ont likée ! C'est absurde. Et moi, combien de profils ai-je vu défiler ? Dans combien de salles de concert suis-je simultanément ?

CHAPITRE 14

«Pas de photo de bite !»

J'ai rendez-vous au Georges V, à côté des Champs-Élysées, à Paris. Oui, oui, au Georges V ! Je dois rencontrer Whitney Wolfe. Une ancienne de chez Tinder, maintenant fondatrice de Bumble, une application de rencontre qui se présente comme féministe. Avec ses 36 millions d'utilisateurs, l'appli est maintenant le principal concurrent de Tinder, et le groupe Match cherche à la racheter. Sur Bumble, ce sont les femmes seulement qui peuvent prendre l'initiative d'engager la conversation avec les hommes.

Ça me stresse de me rendre au Georges V. J'ai peur de faire tache ou de ne pas savoir comment me comporter. En plus, il y a deux cafés dans l'hôtel et je me trompe, je patiente dix minutes dans un canapé avant que l'attachée de presse de Wolfe ne me téléphone pour me demander où je suis. Quand je comprends la méprise, je quitte précipitamment la table où j'étais installée et oublie de payer mon café au lait. Resto basket au Georges V !

Je m'assoie à côté de Wolfe. Elle est bardée d'une attachée de presse et de deux autres femmes qui me collent dans les mains un tote bag Bumble rempli de cadeaux publicitaires. Elle me salue dans un français parfait. Longs cheveux blonds, diamant au doigt, prestance et assurance, elle semble tout droit sortie d'un Ted Talk sur les *executive women*. « Alors Judith, désolée, on est assez en retard sur le planning, il va falloir aller vite. »

Je déteste être en retard alors je suis gênée, je veux sortir au plus vite mon calepin de mon sac et enlever mon écharpe en même temps, du coup mes gestes sont brusques et maladroits. Au final je gaspille encore du temps. Je me sens engoncée, empotée. Wolfe a trois ans de moins que moi, pourtant j'ai l'impression d'être une gamine face à elle. J'allume le dictaphone sur mon téléphone et je suis embarrassée par l'écran tout cassé.

Whitney Wolfe a fait partie de l'équipe des débuts de Tinder. Elle était avec Sean Rad au sein de l'incubateur d'IAC, auquel appartient Match Group. C'est elle qui a eu l'idée d'appeler l'application Tinder, qui se traduirait par « allume-feu » en français. Au début, tout roule pour elle. En tant que vice-présidente marketing et cofondatrice, elle fait la tournée des campus américains pour faire la promo de l'appli et donne des interviews dans la presse féminine et lifestyle[1].

---

1. *How to Tinder, by the woman who invented Tinder*, Harper's Bazar, 30 octobre 2013.

Tout va bien, jusqu'en novembre 2013, où elle se sépare de son compagnon, Justin Mateen, lui aussi cofondateur de l'appli. C'est là que les problèmes commencent, à en croire les faits relatés dans la plainte qu'elle dépose en 2014 contre Tinder pour harcèlement. L'affaire se soldera avec un accord amiable secret et un chèque d'un million de dollars. Elle refuse maintenant de parler de ce conflit. Mais la plainte qu'elle a déposée auprès du tribunal de Los Angeles a été mise en ligne par ses avocats[1].

Juste après sa rupture avec Justin Mateen, Whitney Wolfe perd son titre de cofondatrice, à la demande de son ex-compagnon. La raison officielle invoquée par Justin Mateen est que Tinder aurait l'air « d'une blague » avec une femme de 24 ans parmi ses cofondateurs. « Facebook et Snapchat n'ont pas de filles parmi leurs fondateurs », justifie-t-il, d'après la plainte de Whitney Wolfe. Sean Rad accepte et notifie à Wolfe qu'elle n'a plus le droit de se présenter comme telle, et que si elle n'est pas contente, elle n'a qu'à partir.

Je ne peux m'empêcher de penser à cette histoire quand je la regarde.

— En quoi Bumble est-elle une application de rencontre féministe ?

— Nous ne nous définissons pas nécessairement

---

1. *Complaints with exhibits, Rudy Exelrod zieff & lowe*, Rezlaw.com, 30 juin 2014.

comme une application de rencontre féministe, mais comme une application où les femmes ont le pouvoir. Elles seules peuvent adresser la parole à leur *match*, dans les 24 heures qui suivent. Sur les applications de dating classique, chaque femme a reçu au moins un message agressif, violent, vulgaire. Certains des hommes qui envoient ce type de message le font car ils sont écrasés par le rapport asymétrique qui règne entre hommes et femmes sur les applications classiques. C'est ce contexte où les hommes doivent attirer à tout prix l'attention des femmes qui reçoivent des dizaines de messages par jour qui fait que certains deviennent agressifs. En sortant les hommes de cette posture de chasseur et en donnant le pouvoir aux femmes, nous posons des conditions favorables pour créer une discussion plus apaisée. Sur Bumble, vous ne recevrez pas de photo de bite !

Après avoir privé Whitney Wolfe de son titre de cofondatrice, Justin Mateen se serait mis à lui envoyer des dizaines de textos, raconte-t-elle dans sa plainte. Il l'aurait empêchée de répondre aux interviews ou aux requêtes de la presse. Quand elle s'est tournée vers Sean Rad pour recevoir un soutien, elle n'aurait pas trouvé l'aide escomptée.

— Difficile de vous écouter parler sans penser à l'épreuve que vous avez vécue chez Tinder…

Je tente de la lancer sur le sujet.

— Je ne veux pas parler de Tinder. Je leur souhaite le meilleur, c'est tout ce que je peux dire.

— Judith, vous auriez peut-être d'autres questions davantage axées sur Bumble ?

Je rentre dans le rang sans moufter et enchaîne. J'en ai ras le bol des chargés de com et attachés de presse qui balisent le terrain.

Whitney Wolfe démissionne le 6 avril 2014. Quelques semaines plus tard, elle porte plainte contre Justin Mateen pour discrimination et harcèlement sexuel et évoque l'ambiance qui règne au sein de Tinder : « S'il est tentant de décrire la conduite des cadres de Tinder comme simplement "macho", la réalité est bien pire ; leur attitude reflète les pires aspects du stéréotype du mâle alpha misogyne trop souvent associé aux start-up technologiques. »

Quand l'affaire sort dans la presse, Justin Mateen est suspendu et finit par démissionner. Un porte-parole du groupe IAC déclare alors : « Une enquête interne lancée après la plainte a bien montré que M. Mateen avait envoyé à Whitney Wolfe des messages déplacés. Nous condamnons sans équivoque ces messages, mais nous restons persuadés que les allégations de Mme Wolfe à l'encontre de Tinder et de ses méthodes de management sont infondées. » Sean Rad, lui, est temporairement écarté du poste de PDG. Il reviendra six mois plus tard.

Aujourd'hui, Sean Rad a quitté Tinder et a attaqué IAC en justice avec Justin Mateen et huit autres employés. Ils accusent l'entreprise d'avoir volontairement fait baisser la valeur de l'application, et donc de les avoir lésés. Après plusieurs échanges, Davidson Goldin, porte-parole de Sean Rad et de Justin Mateen, a estimé que les conditions n'étaient pas réunies pour répondre à nos questions.

CHAPITRE 15

Le « cœur » de Tinder ?

J'ai ouvert ce mail dans un ICE, un TGV allemand. Pile à ce moment, un serveur entre dans mon wagon avec une bonbonne remplie de café. L'odeur me fait craquer, en plus ils offrent un mini-chocolat Ritter Sport avec. J'en achète un.

Le mail est signé Jessica Pidoux. Jessica est doctorante en humanité digitale à l'école polytechnique de Lausanne. Elle écrit sa thèse sur les modèles scientifiques des algorithmes de sites de rencontre. Elle m'avait contactée après mon article publié dans le *Guardian* pour me faire part de ses recherches. Elle m'a envoyé aujourd'hui l'ensemble de ses travaux sur Tinder, dont son mémoire de master. C'est marrant, je pense alors, elle est un peu comme moi, elle se sert de ses *dates* pour ses travaux de recherche.

Je parcours son travail. Le document fait quatre-vingts pages. Dans la chaleur du train et le coup de pompe de ce dimanche après-midi, j'ai la flemme.

« Mais non, allez Judith », je me motive en avalant une gorgée du café ICE. La spécialiste analyse l'ensemble de l'application, décrit le fonctionnement en détail, s'arrête sur le design de chaque bouton. Soudain, quelques mots de Jessica me sortent de ma demi-léthargie : « observons cela dans les algorithmes de base de l'application ». Et, comme s'il s'agissait d'entrer dans un musée avec pignon sur rue, la chercheuse renvoie vers un brevet intitulé « US 2018/0150205A1 ». Qu'est-ce que c'est que cette histoire ? Depuis quand peut-on aller « observer » le secret des secrets de Tinder, ses algorithmes ?

Je tape la référence sur Google Patent, une version du moteur de recherche spécialisée dans les brevets, et découvre un document en anglais de 27 pages[1], en caractère 8. Dans le champ *« inventors »* s'alignent cinq noms, dont ceux de Sean Rad et Jonathan Badeen, deux des cofondateurs de l'appli. Il s'agit d'un dépôt de brevet intitulé Matching Process System and Method déposé par Match .com, une des entités du giga-conglomérat IAC qui détient Tinder.

Dans une analyse[2] de ce brevet, Jessica Pidoux écrit : *« Il en résulte dans le cas de Tinder un*

1. https://patents.google.com/patent/US9733811B2/en

2. *Toi et moi, une distance calculée. Les pratiques de quantification algorithmiques sur Tinder*, Jessica Pidoux, extrait du *Livre des actes du colloque de Cerisy : Carte d'identités, l'espace au singulier*, juillet 2017.

conditionnement de la socialisation qui relève du modèle patriarcal des relations hétérosexuelles.» Intrigant…

Détricoter ce document et en vérifier chaque ligne m'aura pris plusieurs mois, mais ça valait le coup. Ce brevet dessine un algorithme qui se laisse la possibilité de favoriser la mise en relation d'hommes plus âgés avec des femmes jeunes, moins riches et moins diplômées. Un algorithme permettant également de laisser croire à une part de hasard dans les rencontres entre des inconnus, afin de favoriser leur croyance en une destinée commune…

La première publication de ce brevet remonte à juin 2009. Il n'y a alors que trois noms dans le champ «*inventors*»: Todd M. Carrico, Kenneth B. Hoskins et James C. Stone. Une nouvelle version est publiée en octobre 2013, avec les mêmes créateurs. Dans une troisième mouture parue en mars 2014, Sean Rad vient s'ajouter à la liste des inventeurs. Il est rejoint en août 2017 par Jonathan Badeen, autre cofondateur de Tinder. Une cinquième version du brevet, publiée en août 2018, affiche toujours Sean Rad et Jonathan Badeen dans la liste des inventeurs. Stephen Key, auteur de *Sell Your Ideas With or Without a Patent*, explique: «Quand vous déposez un brevet, vous devez payer des *maintenance fees*, des frais de maintenance, pour que ce dernier reste en vigueur. Si un inventeur ne croit plus à son invention, il cesse de payer.» Ici, Match.com renouvelle ce brevet depuis plusieurs années en y apportant quelques modifications. Parmi celles-ci:

l'apparition, à partir de 2014, du nom « Tinder » sur les schémas qui jalonnent le document.

Pourquoi diable Tinder refuse systématiquement de répondre aux questions sur ses algorithmes et, dans le même temps, laisse un brevet lié à son système de *matching* en libre accès ? « Une fois une demande de brevet acceptée, elle est rendue publique, explique David Pridham, CEO de Dominion Harbor Group, un cabinet d'avocat américain spécialisé dans la propriété intellectuelle et les brevets. L'office des brevets estime que, si votre invention a été déposée, elle est considérée comme utile au public et tout le monde doit pouvoir y avoir accès. Si quelqu'un veut l'utiliser, il doit conclure un accord avec vous. »

En janvier 2017, Tinder, en citant notamment ce brevet, a d'ailleurs porté plainte contre Bumble en accusant l'application d'avoir copié son design – notamment le fameux swipe – et d'avoir violé des accords de confidentialité. Bumble a, depuis, demandé à un tribunal de déclarer invalides les accusations de Match.

Ce brevet est donc une lucarne sur les entrailles de Tinder, lucarne validée par deux des cofondateurs de Tinder ! À mes yeux, c'est comme si une pépite en or massif avait été laissée à un coin de rue pendant des années. Et personne n'aurait eu l'idée de consulter ce document ? Comment est-ce possible ? Taina Bucher est une chercheuse spécialiste des algorithmes dans la communication à l'université de Copenhague. Elle a écrit un article sur cette question[1]. « L'aspect confidentiel des algorithmes a tellement été souligné dans les médias que toute recherche a été découragée, explique-t-elle. Les médias désignent fréquemment les algorithmes comme des "recettes secrètes". À force, cette idée finit par s'ancrer. Alors que, oui, même sans savoir coder, étudier les demandes de brevet permet de se faire une idée critique de comment fonctionne un logiciel. »

Que peut-on conclure d'un tel brevet ? Quelles certitudes en tirer ? « Étudier les brevets déposés par une entreprise est le moyen le plus efficace pour prendre connaissance de ses activités et aller au plus près d'elle, résume l'avocat David Pridham. Facebook et Google passent leur temps à lire les brevets déposés par les uns et les autres. » En revanche, une entreprise peut déposer un brevet qui ne deviendra jamais un produit. Le spécialiste Stephen Key précise tout de même : « Mais vos brevets indiquent quelle direction suit votre entreprise, son état d'esprit général, le noyau de votre plan d'action pour le futur. »

Tout au long du document, les rédacteurs du brevet prennent des précautions et précisent bien qu'il s'agit de ce qu'il est « possible » de faire. Le document stipule : « Des substitutions et altérations [du

1. *Neither Black Nor Box: Ways of Knowing Algorithms*, p. 81-98, Innovative Methods in Media and Communication Research.

mode de fonctionnement du système de *matching*] sont possibles, sans dévier de l'esprit et de la portée des affirmations apportées ici. »

Voyons donc un peu à quoi ressemble « l'esprit » de Tinder.

Dès les premières pages du brevet, je découvre l'acte de naissance du swipe, schématisé en quatre petites figures. Oh, le swipe, j'avais presque oublié que nous avions vécu dans un monde où il n'existait pas, avant qu'il ne vienne à être copié par toutes les autres applications de dating, de shopping ou de news. Et l'acte de naissance du *match* ! C'est génial ! Je vois sous mes yeux comment sont nées les inventions qui ont changé ma vie quotidienne. Ça me donne envie de lire tous les brevets, de celui de l'électricité à celui de Facebook. Roland Barthes aurait adoré se plonger dans ces « Fragments d'un discours amoureux » version algorithmique, j'en suis sûre.

Les auteurs expliquent pourquoi il est nécessaire de construire un « système de *matching* » sur un site de dating, et non de laisser faire les utilisateurs :

> Alors que certains pensent que gérer un site de rencontre est une simple affaire d'associer l'offre à la demande, il y a des preuves statistiques et empiriques qui suggèrent qu'un site de rencontre efficace implique bien plus.

Un site de rencontre efficace implique bien plus, OK. Mais quoi ? Premièrement, il s'agit de limiter les « communications non désirées », aussi appelées « demandes importunes », au risque de pousser « les utilisateurs aux profils les plus attractifs » à ne pas réutiliser le service. « Les utilisateurs aux profils les plus attractifs », ça doit être les femmes, puisque, comme Louis, chargé de la communication de Tinder en France me l'avait expliqué, il est bien plus compliqué pour Tinder et toutes les applications de dating de « recruter » des utilisatrices que des utilisateurs.

Dans une des applications possibles du brevet, chaque fois que vous *matchez* quelqu'un, le serveur cherche les profils similaires à celui que vous avez aimé pour vous en présenter de nouveaux.

> Le serveur peut être configuré pour lire des signaux implicites [...] à l'aide d'algorithmes de reconnaissance faciale pour détecter l'ethnicité, la couleur des cheveux, la couleur des yeux, etc. des personnes ayant été likées par l'utilisateur.

Parce que j'ai liké Husky, je vais rencontrer davantage des mecs aux yeux bleus sur Tinder ?

Le système scanne aussi nos descriptions de profil :

> Le serveur peut être configuré pour chercher dans les profils des utilisateurs des mots-clés relatifs à des activités ou à des intérêts. L'analyse des mots-clés peut être utilisée par le serveur quand il cherche à identifier des *matchs* pour un utilisateur.

En gros, si j'écris « j'adore les chats » dans ma bio Tinder, je vais davantage me voir présenter de profils de mecs mentionnant les chats dans la leur. Ces données sont ensuite compilées pour nous attribuer un score de compatibilité avec une personne. Bah voilà, Judith, pourquoi t'as été saoulée par toutes les blagues sur BlaBlaCar que te faisaient les mecs… L'appli t'a vraiment présenté des fans de bagnole ! Je ris mais je me souviens m'être fait la réflexion d'avoir aussi parlé avec beaucoup de fans de moto sur Tinder. Coïncidence ? Ou simples effets algorithmiques ?

> Plus Harry et Sally ont de mots-clés en commun, plus ils ont de chance d'être présentés l'un à l'autre par le serveur.

Je me marre toute seule quand je comprends que les auteurs du brevet ont donné des noms de personnages iconiques aux utilisateurs cités en exemple, seule petite dose de fantaisie du document. On retrouve le superman Clark Kent, ou encore, ici, les protagonistes du film *Quand Harry rencontre Sally*[1].

La recherche de points communs ne s'arrête pas là. Tom Jacques, vice-président de l'ingénierie chez Tinder, a expliqué à Las Vegas en décembre 2018, lors d'une conférence tech, que l'application utilisait aussi l'outil de reconnaissance visuelle d'Amazon

1. Film réalisé par Rob Reiner, sorti en 1989.

pour identifier les centres d'intérêt de ses utilisateurs[1]. Les équipes de l'application se sont rendu compte qu'il n'était pas suffisant d'analyser les textes de biographies des utilisateurs, car certains ne les remplissent pas. Alors Tinder s'est offert « Rekognition », une intelligence artificielle créée par Amazon, pour catégoriser les photos : si vous apparaissez avec une guitare, hop, classé « créatif ». En train d'escalader une montagne ? Hop, « adepte du grand air ». Le tout pour faire *matcher* des personnes ayant des points communs. On se croirait dans *The Lobster*[2]. Dans le film, les célibataires sont arrêtés, parqués dans un hôtel et ont quarante-cinq jours pour se mettre en couple. S'ils échouent, ils sont transformés en animaux. Pour que leur couple soit accepté, les deux partenaires doivent avoir un point commun « significatif » : un handicap, une ressemblance physique, un tic de langage…

Mettre en relation des personnes ayant des points communs, pourquoi pas ? Après tout, si un algorithme peut nous faire gagner des années de recherche… Mais ce qui vient ensuite est d'une tout autre teneur.

Les rédacteurs du brevet ont remarqué que, pour faire naître une relation ou une simple envie de se

---

1. *How Tinder creates better matches using AWS image recognition technology* [en ligne], ComputerWorlduk.com, 7 décembre 2018.

2. Film réalisé par Yórgos Lánthimos, sorti en 2015.

rencontrer, une « croyance en la destinée » pouvait s'avérer utile, les êtres humains étant attachés aux symboles, particulièrement en matière amoureuse.

> Le serveur peut être configuré pour rendre un profil plus attirant aux yeux d'un utilisateur (appelé ici « utilisateur 14 ») en signalant des coïncidences entre les profils qui donnent à l'utilisateur 14 l'impression que le destin en a décidé ainsi.

Évidemment, ces « coïncidences » n'en sont pas :

> Le serveur peut être configuré pour rechercher des similitudes d'intérêts, de lieu de naissance, de date de naissance, de mois de naissance, d'année de naissance, d'université, de prénom, de nom de famille, de pseudonyme, de responsabilités parentales et de mots-clés pour identifier les utilisateurs qui pourraient partager l'impression qu'ils sont faits pour être ensemble.

Une fois ces similitudes détectées par l'algorithme, deux options sont envisagées : soit signaler à l'utilisateur les points communs repérés, soit ne pas les signaler. Dans le deuxième cas, l'objectif est de laisser l'utilisateur découvrir lui-même ces points communs et ainsi lui laisser croire à une sorte de destin qui aurait mené jusqu'à cette rencontre.

Sommes-nous si prévisibles, si influençables ? Avoir pensé à jouer avec notre « croyance en la destinée » ou notre « sens du destin » *(« sense of fate »)* a quelque chose de fascinant. J'ai l'impression de lire un manuel d'utilisation des Terriens écrit par des extraterrestres… Je me souviens des années collège où, avec mes copines, on s'amusait à remplacer notre nom de famille par celui de notre *crush* pour voir si cela « sonnait bien », et c'est vrai que nous riions quand nous constations avoir les mêmes initiales ! C'était un signe, obligé ! Rien n'a-t-il changé depuis ?

Je lis une interview[1] du psychiatre Robert Neuburger, auteur de *Nouveaux Couples*[2]. Selon lui, chaque couple se construit autour d'un « mythe fondateur » où « chacun va à la recherche de coïncidences signifiantes prouvant que sa rencontre avec l'autre n'est pas fortuite », que les deux ont été choisis par le destin. C'est vrai, remarque, moi aussi j'ai fait ça avec chacun de mes amoureux. « Oh, dire que tu allais là en vacances et moi aussi, toute mon enfance, et on ne s'est jamais croisés ! » « Quand je pense qu'on lisait le même magazine quand on était petits ! »

Je regarde autour de moi les personnes présentes dans le train. Nous sommes tous des enfants, en fait. De grands enfants fragiles qui réécrivent leur histoire à grand renfort de pensée magique et se racontent les uns les autres des faits complètement réinterprétés comme pour nous caresser, nous envelopper dans un récit fondateur, cadrant, protecteur.

---

1. *Chaque couple se construit sur un mythe*, *Psychologie magazine*, 27 juillet 2018.

2. Odile Jacob, 1997.

Ce vieux couple là-bas, quelle fiction se raconte-t-il sur sa propre histoire ? Est-ce qu'eux aussi se sont émus de porter les mêmes initiales ? Je regarde mes congénères dans le wagon et je nous trouve tous à la fois si touchants et si prévisibles, si manipulables.

Je tape «*Foule sentimentale*» sur YouTube pour réécouter la chanson de Souchon. Avec «*attirée par les étoiles, les voiles, que des choses pas commerciales*» dans les oreilles, je poursuis ma lecture de la partie évoquant notre évaluation potentielle selon notre apparence.

> Le serveur peut être configuré pour analyser le nombre de fois où un utilisateur a été vu et le nombre de fois où il a figuré dans une liste de résultats, afin de lui attribuer une note d'attractivité physique.

Voilà, j'imagine, la formule de mon *success rate*, mon 55 %. La version algorithmique du 5 sur 10 de mes 15 ans.

En fait, ce brevet, c'est la loi de la cour de récré permanente. On s'entiche sur des initiales comme une ado qui griffonne dans les marges de son cahier, tout en se faisant secrètement noter sur son attractivité physique. Pourquoi pratiquer une telle notation ? Le document indique :

> Les personnes ayant le même niveau d'attractivité sont plus susceptibles de s'entendre.

Le sociologue Jean-François Amadieu explique dans *La Société du paraître* et dans *Le Poids des apparences*[1] que c'est en effet le cas. L'homogamie dans les couples concerne aussi l'apparence. « L'adage "qui se ressemble s'assemble" se vérifie dans la réalité », indique l'universitaire.

Après nos centres d'intérêt et notre niveau de beauté, nous sommes susceptibles d'être évalués sur notre intelligence :

> Le serveur de *matching* analyse des facteurs comme le nombre moyen de mots par phrases, le nombre total de mots comptant plus de trois syllabes, ou le nombre de mots utilisés.

Pour nous attribuer un score, les auteurs expliquent se servir de trois tests : le Flesh Kincaid Reading Ease, le Flesh Kincaid Grade Level et le Gunning Fog Index (qui apparaît dans le brevet sous le nom Gunning Fox score). Les tests Kincaid ont été inventés par la marine américaine en 1975 pour déterminer le niveau de difficulté d'un texte en anglais et le niveau d'éducation nécessaire pour le comprendre. Avec le Reading Ease, plus le score est bas, plus le texte est compliqué, sur une échelle allant théoriquement de 0 à 100. Le magazine *Time*, par exemple, a un score de 52, niveau étudiant à l'université. *Harry Potter*, 72, niveau 4e.

Même procédé pour le Gunning Fog Index.

---

1. Odile Jacob, 2016 et 2002.

Développé dans les années 1950 dans le monde de l'édition, il détermine lui aussi le degré de lisibilité d'un texte.

On dirait le jour de la JAPD[1], quand on nous fait faire quelques exercices de mathématiques et une dictée, pour que l'État fasse des statistiques sur l'illettrisme ou l'innumérisme en France. Sur Tinder, c'est tous les jours la JAPD ou quoi ?

Le brevet décrit une des utilisations possibles de ces tests :

> Les analyses obtenues peuvent permettre de déterminer le QI d'un utilisateur, son niveau scolaire ou son niveau de nervosité générale.

Le document ne précise pas comment la nervosité peut être évaluée.

Tinder se réserve la possibilité d'étudier nos caractéristiques physiques, intellectuelles, psychologiques, en permanence, comme pour des astronautes en mission. Différence de taille : les astronautes, eux, en sont conscients.

Tous ces scores ont une fonction interne. Ils permettent de nous classer en différents pools. L'application se présente comme fonctionnant sur la géolocalisation, mais le brevet suggère une autre proximité qu'elle pourrait se réserver le droit de valoriser entre les utilisateurs :

1. Journée d'appel à la défense.

> Le serveur peut être configuré pour moduler la note issue de l'analyse de la proximité géographique à la lumière d'autres facteurs ; par exemple, le serveur peut être configuré pour attribuer une note qui correspond à une distance de 10 kilomètres alors que la distance réelle est de 50 kilomètres entre l'utilisateur 14 et l'utilisateur A du pool 30 s'ils ont le même revenu, le même âge et le même niveau d'études.

À l'intérieur de ce pool, les profils peuvent de nouveau être hiérarchisés par un autre algorithme distribuant des bonus et des malus, pour savoir lesquels vont être présentés à une personne lorsqu'elle se connecte. « Chaque individu ne porte pas avec lui une valeur absolue », écrit la chercheuse Jessica Pidoux à propos de ce brevet. Ces bonus et ces malus sont en mouvement constant car ils sont calculés par rapport à un autre, à qui nous sommes comparés.

Pour donner des bonus ou malus, le brevet suggère que les profils soient évalués sur des « critères démographiques ». Chaque information, comme votre âge, votre profession ou votre niveau de revenus, rapporte des points. Plus vous avez de points, plus vous avez de chance d'apparaître dans le top des profils montrés à une personne. Mais le système est-il si neutre qu'il en a l'air ?

> Le serveur peut être configuré pour pondérer différemment les différences et les similarités démographiques selon le sexe de l'utilisateur.

Vient alors selon moi l'un des points les plus surprenants du brevet.

> À titre d'exemple uniquement, imaginons qu'Harry et Sally sont deux utilisateurs inscrits au service [...]. Dans cet exemple, Harry a dix ans de plus que Sally, il gagne 10 000 $ de plus qu'elle par an, et il est titulaire d'un master tandis que Sally s'est arrêtée à la licence. Malgré ces disparités, le serveur attribuera au profil de Sally une note élevée qui rendra plus probable sa présence dans la liste de résultats proposés à Harry.

Donc dans cet exemple hypothétique, si une femme est plus jeune, gagne moins et a fait moins d'études qu'un homme, cela n'empêche pas du tout l'algorithme de donner une bonne note à la femme et de la coller dans le top 5 de l'homme. Hasard ou algorithme, je suis plus jeune que Husky et Mirage, et je gagne moins qu'eux.

Du coup, comment ça se passe quand c'est une femme qui domine, financièrement et culturellement parlant ? Le brevet le précise :

> Néanmoins, si la recherche avait été effectuée par Sally et que le profil d'Harry avait été évalué par le serveur, on aurait pu avoir une note différente. Ainsi, si c'était Sally qui avait dix ans de plus, qui gagnait 10 000 $ de plus et qui était titulaire d'un master contre une licence pour Harry, le serveur

aurait attribué une note plus basse au profil d'Harry, qui aurait donc eu moins de chances de se retrouver dans la liste de résultats de Sally.

La bonne blague : la réciproque ne s'appliquerait pas ?! Un homme riche avec une jeunette, oui ; une femme riche avec un jeunot, non ?

Plutôt conservateur Tinder, non ? C'est ce que sous-entend la chercheuse Jessica Pidoux dans son analyse. Selon elle, ce brevet relève « du modèle patriarcal des relations hétérosexuelles ». L'universitaire ajoute : « Un autre passage marque l'importance de la différence d'âge en lien avec le sexe, un *feature* défini comme le *"gender-role traditionalism*[1]*"* par Tinder. Il y est mesuré l'attractivité d'une personne à partir de son sexe et de sa différence d'âge par rapport à son opposé pour offrir des points d'avantage aux hommes plus âgés et aux femmes plus jeunes. »

Les auteurs ne pouvaient pas avoir mieux choisi Harry et Sally comme personnages : dans le film, les deux sont copains de fac, alors que les acteurs ont quatorze ans d'écart (Billy Crystal étant le doyen de Meg Ryan)... Dans une séquence, Sally pleure en peignoir, inconsolable, à la suite d'une déception amoureuse :

Sally : Et je vais avoir 40 ans !
Harry : Quand ?

1. Le traditionalisme en matière de répartition des rôles selon le genre.

Sally : Un jour !
Harry : Dans huit ans !
Sally : Mais ça va arriver ! C'est la fin de tout ! Et ce n'est pas pareil pour les hommes. Charlie Chaplin a eu des enfants à 70 ans.
Harry : Oui, mais il était trop vieux pour les prendre dans ses bras !

Pour justifier cette possible différence de traitement entre les hommes et les femmes, le brevet met en avant des « observations empiriques » :

> Cette configuration possible du serveur s'explique par les observations empiriques qui montrent que ces différences démographiques n'ont pas le même effet sur les choix effectués par les hommes et les femmes en matière de rencontres amoureuses.

Le brevet n'indique pas de source concernant ces « observations empiriques ». Que Tinder se base sur des données internes ou non, la réalité extérieure ne vient pas les contredire. En France, la femme est en moyenne quatre ans plus jeune que l'homme dans un couple hétérosexuel, selon l'Insee[1], et gagne 42 % de moins, toujours selon l'Insee[2].

---

1. *L'homme est plus âgé que sa conjointe dans six couples sur dix* [en ligne], Insee.fr, 7 avril 2017.
2. *Écarts de revenus au sein des couples, trois femmes sur quatre gagnent moins que leur conjoint* [en ligne], Insee.fr, 6 mars 2014.

Si le monde marche ainsi, si les femmes veulent des compagnons plus âgés qui gagnent plus et les hommes des petites jeunes, pourquoi ne pas leur donner satisfaction ? Après tout, quel souci y a-t-il à refléter la réalité ?

Selon moi, si Tinder appliquait cette portion du brevet, cela poserait un problème de transparence vis-à-vis des utilisateurs.

Depuis des années, Tinder entretient une image publique d'entreprise progressiste. Par exemple, la firme américaine a lancé sur Change.org une pétition[1] pour s'engager en faveur de la création d'un emoji « couple mixte », comprendre interracial : « N'est-il pas grand temps que l'amour sous toutes ses formes soit enfin représenté ? [...] Alors joignons nos mains, unissons-nous et représentons fièrement l'amour dans toute sa diversité », prône la pétition.

Autre exemple, l'application s'est engagée en mars 2018 pour l'égalité salariale entre les hommes et les femmes, invitant les internautes à tweeter #TinderForEquality[2] (Tinder pour l'égalité). Ou encore, en 2017, Tinder lançait une campagne pour soutenir les « femmes téméraires ». Dans le communiqué de presse lançant l'opération[3], on pouvait lire :

1. *Le projet d'Emoji pour les couples mixtes* [en ligne], pétition lancée par Tinder sur Change.org, février 2018.

2. *Tinder rejoint le combat pour l'égalité* [en ligne], blog.GoTinder.com, 8 mars 2018.

3. *Coup de chapeau à toutes les femmes téméraires du monde* [en ligne], blog.GoTinder.com, 7 mars 2017.

> À travers le monde entier, des femmes remettent en question les normes de la société : elles détruisent des barrières, s'affranchissent des traditions, et ce faisant, bravent peut-être même des lois. Tout cela pour obtenir ce que nombre d'entre nous considèrent comme des droits élémentaires pour l'être humain. Elles sont téméraires, courageuses. Elles déchirent. Que ce soit en gravissant les échelons jusqu'au sommet ou en faisant parler d'elles avec un seul geste de résistance, elles sont des porte-drapeaux des droits des femmes dans le monde et si elles se battent, c'est pour nous toutes.

Pour être une star de Tinder, faut-il être James Bond, un mâle alpha plein aux as appréciant les jeunettes ? Suis-je en train d'observer un outil traditionaliste défendu par une firme aux allures progressistes. Comme si sous les traits d'un Bernie Sanders se cachait un Donald Trump…

Que dit Tinder de tout ça ? Durant environ un mois, entre janvier et février 2019, j'ai pu échanger par téléphone puis par mail avec deux personnes. J'ai aussi tenté de les rencontrer lors d'un séjour en Californie, sans succès.

Mes interlocutrices ont été Agnes Gomes-Koizumi, directrice des affaires publiques de Tinder, puis Justine Sacco, l'une des porte-parole de Match Group, la maison mère de Tinder. C'est cette dernière qui m'a fourni les réponses les plus détaillées.

Dans son premier mail arrivé quinze jours après ma première demande d'entretien[1], Justine Sacco se plaint de l'échéance que nous avons fixée :

> Étant donné votre deadline, nous ne pouvons que conclure que vous avez déjà soumis à vos éditeurs la version finale de votre livre sans nos commentaires, sans fact-checking des brevets de notre application ou de nos fonctions techniques, et sans parler non plus avec quiconque de première main et spécialisé sur notre technologie durant l'ensemble de votre enquête et reportage.

Elle ajoute : « Nous ne commenterons pas [vos questions] », mais précise tout de même :

> Vous avez fourni une interprétation fallacieuse de ces brevets, du système de matching de Tinder, et de l'application du brevet à la plateforme de Tinder [...]. Nous sommes très préoccupés par le fait que votre livre affiche l'intention de parler de notre technologie et du cœur même de l'expérience Tinder, sans aucune réelle tentative d'être véridique ou précis.

---

1. Ma première demande d'entretien à Tinder a été adressée le 14 janvier, et ma liste de questions détaillées, le 24 janvier. Justine Sacco m'a répondu une première fois le 1er février en se plaignant de ma deadline. Nous avons donc ajouté un délai supplémentaire courant jusqu'au 12 février ; cela nous a permis d'échanger à nouveau.

Après ce mail, je propose d'ajouter un délai supplémentaire de neuf jours, amenant la nouvelle date butoir à environ un mois après l'envoi de mon premier mail. Puis je précise quelques questions en invitant Match Group à me donner son interprétation du brevet. Voici un extrait de ma réponse :

> Nous savons qu'un brevet n'est pas une description exacte d'un produit ou de ce qui se passe dans les serveurs de Tinder en ce moment même. Il s'agit davantage de "l'esprit" d'une entreprise. [...] Pourquoi Sean Rad ou Jonathan Badeen, en lisant ce brevet en 2014 et 2018 (date où, respectivement ils acquièrent le statut de co-inventeur du brevet en question), décident-ils de laisser l'exemple de Harry et Sally ? Quelle est l'interprétation de Match de cet exemple expliquant que des hommes et des femmes avec un même salaire et un même niveau de diplômes pourraient être évalués différemment ? N'est-ce pas sexiste d'évaluer différemment les hommes et les femmes ? [...] Les hommes et les femmes sont-ils traités de la même manière sur Tinder ?

Dans les deux mails suivants, Justine Sacco me répond en exigeant un « off the record » – c'est-à-dire que je n'utilise pas ses réponses dans mon livre. Je décline sa demande car depuis le début, je réclame des réponses officielles à mes questions. Je reproduis donc ici sa réponse :

> L'ensemble des phrases et des paragraphes que vous avez cités précédemment, et que vous nous avez demandé de commenter, n'ont rien à voir avec l'algorithme de Tinder. Par conséquent, nous ne pouvons les commenter. Et toute déclaration ou insinuation est donc catégoriquement fausse.

Voilà enfin une réponse plus précise. Les passages du brevet Matching Process System and Method que nous avons soumis à Tinder, ceux que nous avons reproduits dans ce chapitre, ne seraient, d'après Tinder, pas utilisés par l'application.

Résumons. La première application de rencontre au monde, Tinder, nous note. Cette note est secrète, impossible d'y avoir accès.

Grâce à la chercheuse Jessica Pidoux, je mets la main sur un brevet revendiqué par Tinder. Preuve que ce brevet est bien utilisé, d'une manière ou d'une autre, par l'application, Match Group, la maison mère de Tinder (dans sa plainte contre Bumble[1]), le présente ainsi :

> Il a été accordé à Match un brevet d'utilisation U.S. Patent No. 9,733,811 (le « brevet 811 »), intitulé « Matching Process System and Method » en rapport avec les innovations de fonctionnement qui sont incarnées dans différentes versions de l'application Tinder.

---

1. *Match Group v. Bumble* [en ligne], Scribd.com, 16 mars 2018.

Je plonge dans ce brevet, en ayant bien en tête une chose : il n'est peut-être que partiellement appliqué. Mais, côté verre à moitié plein, il reste un hublot immergé dans un lac entièrement opaque.

À la lecture, plusieurs portions de ce brevet sont susceptibles d'entrer sérieusement en contradiction avec l'image publique progressiste de Tinder. Je pose donc directement les questions à Tinder : les femmes âgées et les jeunes hommes sont-ils moins bien notés, et donc désavantagés ? Tinder est-il capable de créer un « faux sens de la destinée » au nom d'un *match* plus réussi et durable ?

Tinder, par le biais d'une porte-parole de sa maison mère Match Group, me répond que je ne comprends rien. Mais précise tout de même que les extraits du brevet que je cite ne sont précisément pas utilisés. Dans ce cas, pourquoi ne pas répondre très simplement à ces deux questions légitimes : Que pensez-vous de ces extraits problématiques et inutiles ? Pourquoi ces extraits figurent-ils encore dans la version 2018 du brevet ?

Dans un article paru en février 2019 intitulé *L'algorithme de Tinder expliqué*[1], une journaliste américaine écrit :

> S'il y a une chose que je sais de l'amour, c'est que ceux qui ne le trouvent pas ont une espérance de

1. *The Tinder algorithm, explained* [en ligne], Vox.com, 7 février 2019.

vie plus basse. Ce qui signifie, en extrapolant un peu, qu'apprendre comment l'algorithme de Tinder fonctionne est une question de vie ou de mort.

Sans aller jusque-là, un peu de transparence serait la bienvenue. Pourquoi aucune autorité n'est habilitée à vérifier que les algorithmes de l'application traitent les hommes, les femmes, les gays, les minorités, les jeunes et les vieilles de façon équitable ? N'avons-nous pas le droit de savoir ? Le 28 février 2018, la cour d'appel de Californie a jugé discriminatoire le tarif de Tinder Plus qui variait, aux États-Unis, selon l'âge de l'utilisateur (9,99 dollars pour les moins de 30 ans contre 19,99 dollars pour les plus âgés).

Quand il s'agit du cœur et des entrailles d'une application aussi populaire, qui vérifie ce qui s'y passe ? Qu'est-ce que l'amour sous algorithme, sinon une boîte noire ?

C'est ça, une boîte noire. Et si vous parvenez à pénétrer à l'intérieur avec votre lampe torche, vous obtiendrez pour seule réponse : « Nous ne commenterons pas ce que vous avez éclairé, mais sachez tout de même que cela n'a rien à voir avec nous. »

Au moins, j'ai appris quelque chose : les possibilités que se réserve l'application au travers de son brevet Matching Process System and Method font froid dans le dos. Et si un brevet traduit « l'esprit » d'une entreprise, cela me convient encore moins. L'amour sous algorithme est un jeu dont nous ne connaissons pas les règles.

Chose certaine, la formule appliquée par Tinder est gagnante. Au deuxième trimestre 2018, Gary Swidler, le directeur financier de Match Group, la maison mère de Tinder, annonçait que l'application phare générait désormais 800 millions de dollars de chiffre d'affaires, soit deux fois plus que l'année précédente. Or, Tinder engrange principalement de l'argent à partir de comptes premium permettant notamment aux profils de gagner en visibilité en étant boostés. Est-ce à dire que pour dépasser les potentielles disparités algorithmiques, pour être promu dans son pool, ou même s'en extraire, il suffirait de payer ?

Ça me rappelle une thèse que Cathy O'Neil développe dans *Weapons of Math Destruction: How Big Data Increases Inequality and Threatens Democracy*. Elle explique que « les algorithmes sont des opinions ». Ils ne sont jamais neutres. « Le concept de neutralité en lui-même n'existe pas. Ce qu'on appelle neutre est, en réalité, dominant », renchérit Rune Nyrup, chercheur au Centre Leverhulme pour le futur de l'intelligence, à l'université de Cambridge.

Chaque jour, se produisent 2 milliards de *matchs* sur Tinder. L'application présente dans plus de 190 pays revendique être à la base d'un million de *dates* par semaine[1]. Un million ! Le succès de Tinder est indéniable. C'est un outil incroyable. Si

1. *Presse et ressources de la marque* [en ligne], GoTinder .com.

incroyable que les ingénieurs de Tinder ont maintenant entre les mains un pouvoir extraordinaire, celui d'influencer la manière dont peuvent se rencontrer des millions de personnes. Ils peuvent influencer comment se forment les couples, comment se tissent les liens. Rien qu'aujourd'hui, rien que ce soir, au moment où j'écris ces lignes, environ 140 000 *dates made in* Tinder vont se dérouler.

CHAPITRE 16

Juste une dernière fois

J'appuie quelques secondes sur l'icône de l'application. Je viens de me réveiller, et comme chaque matin, l'un de mes premiers gestes est d'attraper mon téléphone. Je pense qu'il est enfin temps de désinstaller Tinder, non ? Au revoir, cher Tinder ! J'ai bien compris que je n'avais rien à attendre de toi.

Allez. Juste une dernière fois ? Une toute dernière fois ? Personne ne le saura. J'ai l'impression d'être un futur ex-fumeur qui s'en grille une dernière en cachette. Rah, c'est ridicule. Pourquoi ne pas aller voir, si j'en ai envie ? Ça fait des mois que je n'ai *daté* personne. Je peux même faire un petit test, tiens ! J'indique à l'application que je cherche des hommes de 25 à 55 ans. Pourtant n'apparaissent sur l'écran de mon téléphone que des hommes de 35, 36 ans. Exactement comme indiqué dans le brevet. Je regarde les images défiler. Tous ces hommes doivent donc avoir un point commun au minimum avec moi. Ont-ils les mêmes initiales ? Il y en a bien un qui s'appelle Jan. À chaque fois que je swipe un profil, j'imagine les calculs auquel est en train de se livrer le serveur. Aller piocher dans mon pool celui partageant le plus haut score de compatibilité avec moi. Si je le like, hop, on recalcule, les autres doivent lui ressembler. Elle en a liké un qui fait de la guitare, on ramène les artistes ! Mais pas lui, il n'a qu'une licence, elle a un master. Car tous ces hommes ont donc quelque chose de PLUS que moi, aussi. Plus d'argent, plus d'expérience ou plus de savoir.

Un profil me fait rire : « Je te promets que je ne suis pas complètement fou et que je n'envoie pas de *dick pick* », dit sa description. Je me demande comment cet utilisateur a été associé à moi. En ce moment ma phrase c'est *« I am a mess too »,* qu'on pourrait traduire par « Moi aussi, je suis paumée ». Sur une de ses photos, il fait de l'escalade dans les Alpes, moi aussi j'en ai une nouvelle où je suis à la montagne. Le voilà notre point commun Tinder ! Nous *matchons*. Sa phrase d'accroche m'interpelle :

« Comment vas-tu Judith ? Chez moi, le chauffage est cassé et je regarde les nuages gris en buvant du thé. Tu préfères parler allemand ou anglais ? Mon français est hélas très mauvais. »

J'ai envie de lui répondre que cela me fait penser à un poème en prose de Baudelaire, *L'Étranger* :

> — Qui aimes-tu le mieux, homme énigmatique, dis ? Ton père, ta mère, ta sœur ou ton frère ?
>
> — Je n'ai ni père, ni mère, ni sœur, ni frère.

— Tes amis ?

— Vous vous servez là d'une parole dont le sens m'est resté jusqu'à ce jour inconnu.

— Ta patrie ?

— J'ignore sous quelle latitude elle est située.

— La beauté ?

— Je l'aimerais volontiers, déesse et immortelle.

— L'or ?

— Je le hais comme vous haïssez Dieu.

— Eh ! qu'aimes-tu donc, extraordinaire étranger ?

— J'aime les nuages… les nuages qui passent… là-bas… là-bas… les merveilleux nuages !

Mais c'est tiré d'un recueil de poèmes que mon père m'a offert pour mes 16 ans, je ne souhaite pas que ce beau souvenir atterrisse dans les serveurs de Tinder. Et puis si c'est un gros con, il va gâcher mon histoire avec ses sales pattes et répondre un truc débile. Je le lui réciterai, un jour, plus tard, si je le rencontre, s'il est gentil. Ah, voilà que je m'imagine déjà le rencontrer ! Et qu'il soit sympa ! Fichue imagination galopante, fichu romantisme indécrottable ! Pourtant, je n'y crois plus au coup de foudre par message, l'échange tout beau, tout rose et spontané. Au final tu arrives en *date* avec déjà des papillons dans le ventre mais tu t'es tout inventé. Sûrement encore un pauvre type qui voudra trouver « mieux en rayon » ! Ou qui me trouvera géniale mais ne sera pas amoureux, « tu comprends ? ». Je me sens comme ces chiens qu'on adopte à la SPA, je mords parce que j'ai trop besoin de caresses.

Je préfère faire une blague : « Avec ou sans citron le thé ? Attention, une seule réponse est bonne et je ne répondrai plus jamais si tu te trompes !!! »

J'apprendrai plus tard qu'il envoyait la même phrase à tout le monde. « Tu comprends pas, Judith, Tinder, pour les mecs, c'est une tout autre affaire. Vous, tout le monde vous écrit, vous répond… Nous, c'est l'inverse ! On ne peut pas s'investir et trouver une phrase d'accroche sur mesure à chaque fois, t'es obligé d'automatiser un peu. » Bah, on était des parfaits inconnus à l'époque. « Et puis en fait ce que tu te dis par écrit ça ne veut rien dire. Une personne peut avoir l'air intéressante, drôle et dans la vraie vie, c'est l'enfer. Il ne faut donc pas trop y croire. » Je m'aperçois que je n'étais pas la seule à brandir les boucliers.

Il me répond le lendemain : « Je bois mon thé avec trois tranches de citron. C'est comme ça, il faut que tu l'acceptes !! Mais aujourd'hui je bois du café pour ne pas t'embêter. » Puis il cesse de me répondre. Mais moi j'aimais bien le coup des nuages alors je le relance. « Reviens, c'est trop tôt pour se dire au revoir. » Ça l'amuse. Je lui file mon numéro de téléphone, pour qu'on s'écrive sur WhatsApp, ou Telegram ou autre. Juste après, je désinstalle Tinder.

Ce vendredi soir, je dîne chez une amie journaliste. J'ai mal au bide dans le canapé à force de rigoler. On enchaîne les bouteilles de vin et elle oublie presque de servir la super bonne caponata qu'elle a préparée. Quand il m'écrit parce qu'il s'ennuie à la soirée de Noël de son travail, je n'hésite pas, lancée dans ma bonne humeur : « Tu veux boire un verre dans le quartier ? » Rendez-vous au bar situé au coin de ma rue, à 1 h 15 du matin. Comme je suis épuisée des rancards foireux, j'essaie d'en faire un jeu. Je pose mes règles : interdiction de parler de nos métiers, pour ne pas faire de *small talk* bidon, interdiction de ne pas me rappeler après ce rendez-vous. Ça lui plaît.

Je marche, guillerette, on est vendredi soir, c'est le début du week-end. Il écrit qu'il est déjà là, je lui dis de commander à boire. Mince, je n'ai pas assez de cash sur moi, et à Berlin, il faut tout payer en liquide, je pensais avoir le temps de passer au distributeur. Tant pis !

En avançant vers le bar, je me souviens d'une histoire que j'avais écrite quand j'étais plus jeune. Celle d'un chat dépressif chronique parce qu'il désespérait de ne pas être né tigre. Il ne se remettait pas de ce qu'il considérait être une humiliation suprême. Il s'étirait tous les soirs de tout son long en agrippant ses griffes dans la moquette grise et moelleuse de son appartement en espérant ainsi grandir, même de quelques centimètres, histoire d'atténuer son désarroi. Il geignait ensuite pendant des heures d'un miaulement plaintif et insupportable quand il constatait que ce n'était pas le cas.

Sa maîtresse, une femme italienne aux ongles constamment peints en violet, Signora Starnia, s'était mis en tête de lui faire oublier l'existence des autres félins. Elle arrachait les affiches publicitaires avec des tigres dans le métro, militait contre les cirques et avait demandé à Google de supprimer les occurrences « tigre », mais aussi « guépard », « jaguar », « panthère noire », « puma », etc. Sa requête avait fait débat en Californie. (Le chat savait lire, aller sur Internet et prendre le métro.)

La conclusion de ma nouvelle fantastique était que si les chats étaient tous si arrogants, c'est parce qu'ils ne savaient pas qu'il existait des tigres.

Mais du coup… Cela signifie que c'est moi, ce sont nous les tigres dans l'histoire. Je prends confiance en moi grâce à cette prise de conscience. Aucun algorithme n'est venu adoucir ma réalité ; moi, je joue dans le vrai jeu, avec en plus des handicaps.

Je pousse la porte du bar. Je le cherche des yeux. Il a des taches de rousseur en haut des joues et les yeux verts, une barbe. Il est beau, il est super beau. Une légère appréhension me gagne.

Je remue la tête pour la chasser, comme on secoue un tapis pour le dépoussiérer. Rappelle-toi, Judith. Aucune raison d'avoir peur. C'est toi le tigre. Tête haute. Même devant un mec choisi par Tinder, c'est toi la patronne. La vraie reine de la jungle.

C'est moi, et c'est vous.

REMERCIEMENTS

À la Goutte d'Or, les meilleur éditeurs du monde : Clara Tellier-Savary, Geoffrey Le Guilcher et Johann Zarca.

Aux relecteurs Franck Berteau et Lucie Geffroy, et au traducteur Anatole Pons.

À Alice Andersen, Christophe Bigot, Clément Buée, Aurélie Carpentier, Nico Diaz, Dominique Martel et Anna Wanda Gogusey.

À Jonathan Haynes et Samuel Gibbs du *Guardian* pour m'avoir donné ma chance.

Au *Fig'* pour m'avoir appris le métier (et à tenir l'alcool).

À Paul-Olivier Dehaye pour son expertise, sa fiabilité et sa pugnacité.

À Jessica Pidoux pour m'avoir si précieusement aiguillée dans mes recherches.

À Nicolas Kayser-Bril.

À toutes les personnes interviewées dans ce livre.

Aux Journalopes
pour leur soutien indéfectible.

À Moritz.

À Pioums, Béné, Roxane, Eva et Léa
qui croient en moi depuis la maternelle
(ou presque !)

À Berlin, ses chiens et les cafés
où on a encore le droit de travailler avec son ordi.

Et à ma mère,
le meilleur modèle de femme libre
(mais qui n'a pas le droit de lire ce livre non plus !)

PAPIER À BASE DE FIBRES CERTIFIÉES

Le Livre de Poche s'engage pour l'environnement en réduisant l'empreinte carbone de ses livres. Celle de cet exemplaire est de :
350 g éq. CO_2
Rendez-vous sur www.livredepoche-durable.fr

Composition réalisée par SoftOffice

Achevé d'imprimer en France par
CPI BUSSIÈRE (18200 Saint-Amand-Montrond)
en avril 2023
N° d'impression : 2070535
Dépôt légal 1re publication : mai 2020
Édition 05 - avril 2023
LIBRAIRIE GÉNÉRALE FRANÇAISE
21, rue du Montparnasse – 75298 Paris Cedex 06

39/1776/0